Danuta Malota

Witam!
Der Polnischkurs

Arbeitsbuch

Hueber Verlag

Fachliche Beratung:
- *Elżbieta Cinquantini*, Kursleiterin an der Volkshochschule München und Polnisch-Dozentin an der Ludwig-Maximilians-Universität München
- *Jolanta Wozniak-Kreutzer*, Kursleiterin an der Volkshochschule Berlin Steglitz-Zehlendorf und Seminarleiterin im Projekt „Deutsch als Zweitsprache", Goethe-Institut München

Herzlichen Dank für die Mitarbeit:
- Dr. *Małgorzata Bień-Lietz*, Grenzüberschreitendes Zentrum für Fremdsprachenvermittlung, Europauniversität Viadrina, Frankfurt (Oder) / Collegium Polonicum, Słubice
- *Angelika Gajkowska*, Übersetzerin, München
- *Urszula Krajewska*, Hueber Polska, Warschau, Polen
- *Joanna Świątek*, Kursleiterin, Volkshochschule Frankfurt (Oder)

Verlagsredaktion: Beate Dorner, Ingo Heyse

Das Werk und seine Teile sind urheberrechtlich geschützt.
Jede Verwertung in anderen als den gesetzlich zugelassenen
Fällen bedarf deshalb der vorherigen schriftlichen
Einwilligung des Verlags.

Hinweis zu § 52a UrhG: Weder das Werk noch seine Teile dürfen ohne
eine solche Einwilligung überspielt, gespeichert und in ein Netzwerk
eingespielt werden. Dies gilt auch für Intranets von Firmen und
von Schulen und sonstigen Bildungseinrichtungen.

| 5. 4. 3. | Die letzten Ziffern |
| 2011 10 09 08 07 | bezeichnen Zahl und Jahr des Druckes. |

Alle Drucke dieser Auflage können, da unverändert,
nebeneinander benutzt werden.
1. Auflage
© 2005 Hueber Verlag, 85737 Ismaning, Deutschland
Umschlagfotos: Polnisches Fremdenverkehrsamt, Berlin
Zeichnungen: Antoni Nadir Cherif, Telgte (pixeleon.com)
Satz, Layout, Grafik: Martin Lange, Karlsfeld
Druck: J. P. Himmer GmbH & Co KG, Augsburg
Bindung: Ludwig Auer GmbH, Donauwörth
Herstellung: Astrid Hansen
Printed in Germany
ISBN-10: 3-19-015369-8
ISBN-13: 978-3-19-015369-5

Vorwort

Mit vorliegendem Arbeitsbuch zu *Witam! – Der Polnischkurs* können Sie selbständig den Lernstoff, der im Kurs behandelt wurde, weiter vertiefen und die Fertigkeiten üben, die Sie im Unterricht erworben haben.

Lektion für Lektion ergänzen Aussprachübungen, schriftliche Übungen zu Wortschatz und grammatischen Strukturen sowie kommunikative Übungen die Aktivitäten des Kursbuchs. In den Wiederholungseinheiten, *Powtórka* genannt, wird der neue Lernstoff von jeweils drei vorangehenden Lektionen zusammengefasst und wiederholt.

Ihren Lernerfolg können Sie mit dem Lösungsschlüssel zu den Übungen kontrollieren, eine alphabetische polnisch-deutsche Wortliste hilft Ihnen, die Bedeutung des polnischen Vokabulars zu klären.

Viel Freude bei der Arbeit mit *Witam!* und *dużo sukcesów* wünschen Ihnen

Autorin und Verlag

Inhaltsverzeichnis

1	Dzień dobry!	4	10	Boli mnie głowa	67
2	Przepraszam, gdzie jest …?	8	11	W podróży	74
3	W hotelu	12	12	Nareszcie wakacje!	80
	Powtórka 1	17		Powtórka 4	86
4	Kawa czy herbata?	23	13	Tak mieszkamy	93
5	Smacznego!	27	14	Co robimy dziś wieczorem?	98
6	Wszystkiego najlepszego!	33	15	Co przyniesie przyszłość?	105
	Powtórka 2	38		Powtórka 5	110
7	Poproszę kilo jabłek	44			
8	Kim jestem?	49		Lösungsschlüssel	116
9	Jaka praca, taka płaca	54		Alphabetische Wortliste	138
	Powtórka 3	60			

1 Dzień dobry!

1 Aussprachetraining

1. Hören Sie und sprechen Sie nach.
2. Hören Sie, sprechen Sie nach und markieren Sie die Betonung.

> ▪ Katowice ▪ program ▪ autobus ▪ Mateusz ▪ telefon ▪ hotel ▪ Monachium ▪
> ▪ Magdalena ▪ Berlin ▪ student ▪ banan ▪ Warszawa ▪ Halina ▪

2 *Pan, pani* oder – ? Ergänzen Sie die Sätze.

1. Jak się ..*pan*.. nazywa? (pan Kowalski)
2. Jak się .... nazywasz? (Ewa)
3. Jak się .... nazywa? (pani Kowalska)
4. Jak się .... nazywa? (pan Gawin)
5. Jak się .... nazywasz? (Martin)

3 *Sie* oder *du*?

Kreuzen Sie an, ob die Personen sich duzen oder siezen.
Handelt es sich bei der Sie-Form um einen Mann oder eine Frau?

Dialog 1	**Dialog 2**	**Dialog 3**
☐ ty	☐ ty	☐ ty
☐ pan	☐ pan	☐ pan
☐ pani	☐ pani	☐ pani

4 Hören Sie den Dialog und ergänzen Sie.

○ Cześć, ... Basia.
◆ .... dobry, nazywam się Klaus.
○ Skąd .... ?
◆ Z Niemiec, z Hamburga, ... ty?
○ Z ....
◆ Naprawdę?
○ ...., z Wrocławia.

4   cztery

5 Was gehört zusammen?

1. Jesteś z Niemiec? a. Adam.
2. Skąd jesteś? b. Nie, z Austrii.
3. Jak się nazywasz? c. Tak, z Krakowa.
4. Pan jest z Polski? d. Z Francji.

6 Ergänzen Sie den Dialog.

▫ nazywasz ▫ skąd ▫ jestem ▫ z ▫ się ▫ ty ▫ jak ▫

Ewa: Cześć, jak się ....?
Martin: Martin, a ....?
Ewa: Ewa. .... jesteś?
Martin: .... Monachium, a ty?
Ewa: Ja .... z Polski, z Krakowa.
Martin: A on, jak on .... nazywa?
Ewa: Grzegorz.
Martin: ....?
Ewa: Grzegorz.

Hören Sie jetzt den Dialog und prüfen Sie Ihre Lösung.

Ewa   Martin

7 *Być* oder *nazywać się*? Ergänzen Sie.

1. My .... z Lipska.
2. Jak się ....? – Mateusz i Magdalena.
3. Witam, jak się ....? – Tomek.
4. Skąd wy ....? – Z Wiednia.
5. Jak ona się ....? – Ewa.

pięć 5

8 Bilden Sie einen Dialog.

> ■ Bardzo mi miło. ■ Witam! Jestem Jacek Górecki. ■
> ■ Irena Brodzka. ■ Jak pani się nazywa? ■

◆ ....
○ ....
◆ ....
○ ....

9 Ergänzen Sie die Personalpronomen.

ja + ty = *my*
Ania + Jurek = ...
on + on = ...
Ewa + Danuta = ...
ona + ona = ...
Grzegorz ....
ona + on = ...
Jurek + Klaus = ...
pan Kowalski ....
pani Kowalska ....

10 Was passt nicht in die Reihe? Streichen Sie jeweils einen Begriff.

~~tort~~ — autobus — auto — rower

1. Jurek — Marek — Ewa — Zbyszek
2. Warszawa — Tatry — Kraków — Wrocław
3. Do widzenia! — Dzień dobry! — Dobry wieczór! — Witam!
4. piwo — kawa — cytryna — wino
5. konferencja — gitara — komputer — biuro
6. Hanower — Niemcy — Polska — Austria

11 Kreuzworträtsel: Wie heißt das Lösungswort?

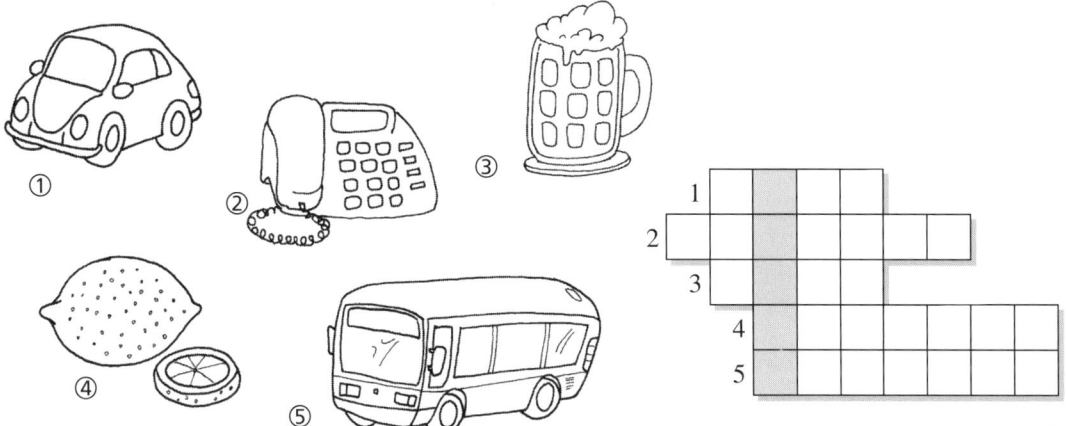

12 Wo liegen die Städte? Tragen Sie sie ein.

- Katowice
- Warszawa
- Wrocław
- Kraków
- Gdańsk
- Szczecin

13 Wie heißt das auf Polnisch?

1. Woher kommen Sie? .... ?
2. Entschuldigung. ....
3. Wir kommen aus Österreich. ....
4. Sehr angenehm. ....
5. Ich heiße Sabine Sutter. ....
6. Was ist das? .... ?
7. Das ist Warschau. ....
8. Gute Nacht! .... !
9. Auf Wiedersehen! .... !

siedem

2 Przepraszam, gdzie jest...?

1 Welchen Laut hören Sie: *sz* oder *cz*? Kreuzen Sie an.

1. ☐ sz   2. ☐ sz   3. ☐ sz   4. ☐ sz   5. ☐ sz
    ☐ cz   ☐ cz   ☐ cz   ☐ cz   ☐ cz

2 Intonation. Hören Sie und kreuzen Sie an, ob es sich um einen Aussagesatz oder eine Frage handelt.

	1.	2.	3.	4.	5.	6.
Aussagesatz	☐	☐	☐	☐	☐	☐
Frage	☐	☐	☐	☐	☐	☐

Hören Sie noch einmal und sprechen Sie die Sätze nach. Achten Sie dabei auf die Satzmelodie.

3 Welche Ortsangaben kennen Sie?
Die fünf Wörter sind senkrecht und waagrecht versteckt.

b	d	l	b	p	d	r	w	a
n	l	a	u	t	a	o	t	u
n	i	e	d	a	l	e	k	o
j	a	j	k	m	e	a	ż	u
d	h	z	a	c	k	l	e	b
p	r	o	s	t	o	i	m	c

4 *Gdzie...?* Wie ist die richtige Reihenfolge der Sätze?
Rekonstruieren Sie den Dialog.

○   Czy to jest daleko?
①   Przepraszam, gdzie jest hotel „Wawel"?
○   Proszę iść w lewo, a potem prosto.
○   Dziękuję.
○   Nie, to niedaleko.
○   Proszę bardzo.

5 Wie lauten die Fragen zu den Antworten?
Benutzen Sie die Fragewörter: *co? gdzie? kto? czy?*

1. ....? Martin.
2. ....? Muzeum.
3. .... *poczta* ....? Tam daleko.
4. .... *twoje dziecko* ....? Tak.
5. .... *twoje okulary* ....? Nie.

6 Ergänzen Sie die Tabelle. Achten Sie auf die Endungen der Substantive.

▫ telefon ▫ rower ▫ okulary ▫ piwo ▫ kawa ▫ wino ▫ mama ▫ dziecko ▫ biuro ▫
▫ pieniądze ▫ gitara ▫ prezent ▫ tort ▫ auto ▫ banan ▫ zupa ▫ ulica ▫ paszport ▫ walizka ▫

mój/twój/nasz	moj**a**/twoj**a**/nasz**a**	moj**e**/twoj**e**/nasz**e**
telefon	*kawa*	*piwo*

7 Bilden Sie Sätze.

1. JEST ▫ PRZEPRASZAM ▫ ULICA ▫ GDZIE ▫ DŁUGA

....?

2. NIE ▫ NIESTETY ▫ WIEM

....

3. JEST ▫ NIEDALEKO ▫ TU ▫ CZY ▫ STACJA BENZYNOWA

....?

4. PO ▫ TAM ▫ STRONIE ▫ HOTEL ▫ PRAWEJ ▫ JEST

....

5. TWOJA ▫ JEST ▫ DZIEWCZYNA ▫ CZY ▫ TO

....?

6. PASZPORT ▫ JEST ▫ TO ▫ NIEMIECKI

....?

7. MOJE ▫ OKULARY ▫ SĄ ▫ GDZIE

....?

8 Was gehört zusammen? Verbinden Sie.

1. Mój numer telefonu to
2. Moja koleżanka z Polski
3. Mogę dostać twój numer telefonu?
4. Muzeum Narodowe jest
5. Dziesięć minus dziesięć

a. nazywa się Czesia.
b. jest zero.
c. Tak, oczywiście.
d. 6 0 1 3 4 8 9 2 5
e. bardzo daleko.

9 Sind die Substantive maskulin (m), feminin (f) oder neutral (n)?

poczta ○ ulica ○ Kraków ○ teatr ○
hotel ○ apteka ○ bank ○ Warszawa ○
Wiedeń ○ toaleta ○ Hamburg ○ muzeum ○
mama ○ wino ○ dziecko ○ komputer ○
Lipsk ○ Polska ○ prezent ○ noc ○
plan ○ Europa ○ kasa ○ uniwersytet ○
siostra ○ kolega ○ zupa ○ dyrektor ○
pani ○ dzień ○

10 Ergänzen Sie die richtige Verbform (Präsens).

1. Gdzie _____ moje pieniądze? *być*
2. Kto to _____ ? *być*
3. Jak _____ twój kolega? *nazywać się*
4. Jak _____ nasz hotel? *nazywać się*
5. My nie _____, gdzie jest nasza walizka. *wiedzieć*
6. Ja _____, gdzie to jest. *wiedzieć*
7. Czy wy _____, gdzie jest muzeum? *wiedzieć*
8. Basia i Karol nie _____ gdzie jest poczta. *wiedzieć*
9. Halina nie _____, jak _____ ta ulica. *wiedzieć/nazywać się*

11 *Jego, jej, ich* – bilden Sie Sätze.

1. ona   dziecko   *To jest jej dziecko.*
2. oni   prezent   _____
3. on   okulary   _____
4. ona   rower   _____
5. on   dziewczyna _____
6. one   auto   _____
7. oni   hotel   _____

10   dziesięć

12 *Nie*. Verneinen Sie die Sätze.

1. To jest mój hotel. ....
2. To są nasze pieniądze. ....
3. On nazywa się Andrzej. ....
4. Wiem. ....
5. My jesteśmy z Polski. ....
6. To jest mój chłopak. ....
7. Moja siostra nazywa się Ola. ....

13 Was passt nicht in die Reihe? Streichen Sie jeweils einen Begriff.

1. ulica — uniwersytet — muzeum — teatr
2. pani — dyrektor — mama — dziewczyna
3. walizka — hotel — paszport — poczta
4. kolega — chłopak — siostra — pan
5. być — nazywać się — wiedzieć — noc
6. pięć — osiem — jeden — jego

14 Wie heißt das Gegenteil?

w lewo	....	dziewczyna	....
tam	....	kolega	....
po prawej stronie	....	siostra	....
niedaleko	....	tak	....
proszę	....		

15 Wie heißt das auf Polnisch?

1. Wo ist die Toilette? ....
2. Wer ist das? ....
3. Leider weiß ich es nicht. ....
4. Ist es weit? ....
5. Das ist nicht mein Pass. ....
6. Schade. ....
7. Das ist mein Koffer. ....
8. Das ist mein Freund aus Polen. ....
9. Entschuldigen Sie, wo ist der Marktplatz? ....
10. Ist das deine Freundin? ....

jedenaście

3 W hotelu

1 Sprechen Sie die Wörter nach und achten Sie auf den Unterschied zwischen dem stimmhaften und dem stimmlosen *z*.

1. dwuosobowy
2. zaraz
3. niestety
4. sto
5. walizka
6. telewizor
7. jednoosobowy
8. stacja benzynowa
9. zupa
10. uniwersytet

2 Ergänzen Sie das Gespräch an der Rezeption.

◆ Dzień ....! Czy jest .... wolnego?

○ Tak, mamy wolny .... dwuosobowy.

◆ .... dobrze. Ile kosztuje?

○ Sto dwadzieścia (120) złotych .... śniadaniem.

◆ Czy mogę płacić kartą ....?

○ Oczywiście.

3 Ergänzen Sie die fehlenden Verbformen.

	mieć	móc	rozumieć
ja	*mam*		
ty		*możesz*	
on, ona, ono			*rozumie*
my			
wy	*macie*		
oni, one		*mogą*	

4 *Czyj, czyja, czyje* oder *jaki, jaka, jakie*? – Setzen Sie das richtige Fragewort ein.

1. .... to jest chłopak? Mój.
2. .... to jest muzyka? Polska.
3. .... to jest mama? Moja.
4. .... to jest morze? Polskie.
5. .... to jest bank? Niemiecki.
6. .... to jest dziecko? Jej.
7. .... to są pieniądze? Nasze.

5 Ergänzen Sie die richtige Verbform (Präsens).

1. Czy (ty) .... klucz?   *mieć*
2. .... mi pani pomóc?   *móc*
3. Czy wasz hotel .... garaż?   *mieć*
4. Niestety (ja) nie ....   *rozumieć*
5. Gdzie (my) .... zaparkować samochód?   *móc*
6. Ona nic nie ....   *rozumieć*
7. Ja .... niemiecki paszport.   *mieć*

6 Bilden Sie Sätze.

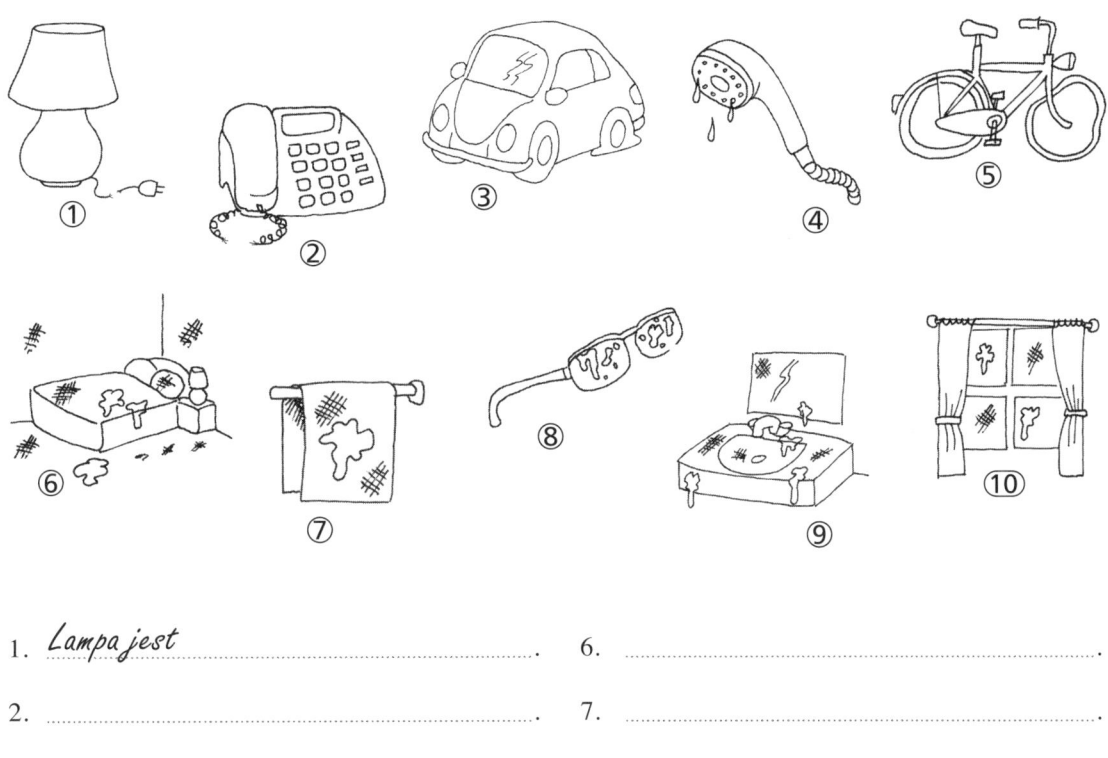

1. *Lampa jest* ....
2. ....
3. ....
4. ....
5. ....
6. ....
7. ....
8. ....
9. ....
10. ....

7 Diese Dinge funktionieren nicht. Schreiben Sie Sätze.

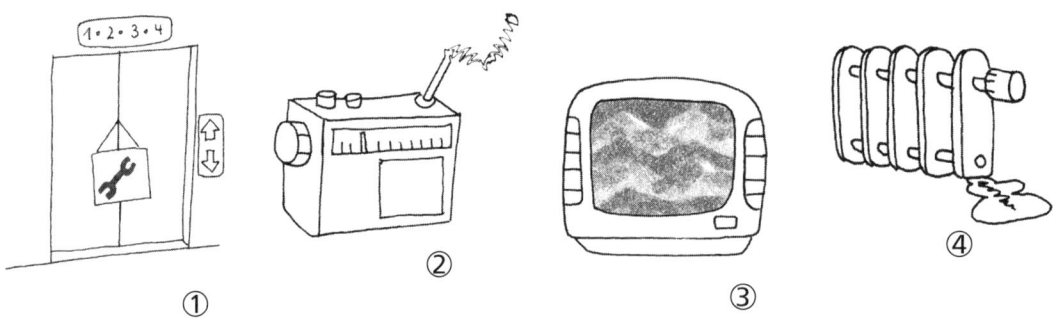

1. *Winda*
2.
3.
4.

8 Herr Nowak beschwert sich an der Rezeption. Hören Sie zu und kreuzen Sie an.

	TAK	NIE		TAK	NIE
prysznic jest zepsuty	☐	☐	telewizor jest zepsuty	☐	☐
nie ma wody	☐	☐	toaleta nie działa	☐	☐
jest zimno	☐	☐	nie ma ręcznika	☐	☐
winda nie działa	☐	☐	pokój jest brudny	☐	☐
okno jest zepsute	☐	☐			

9 Verbinden Sie die Fragen mit den passenden Antworten.

1. Ile kosztuje śniadanie?
2. Gdzie jest garaż?
3. Można płacić kartą kredytową?
4. O co chodzi?
5. Jak jest po polsku *Bad*?
6. Przepraszam, jak się pani nazywa?

a. Tam.
b. Jedenaście (11) złotych.
c. Łazienka.
d. Bielecka.
e. Tak.
f. Mam problem. Mój samochód jest zepsuty.

10 Was passt zusammen?

> francuska ◼ dwuosobowy ◼ brudne ◼ kredytowa ◼
> toaletowy ◼ zepsuta ◼ niemieckie ◼ piękny

karta .... okno ....

pokój .... kuchnia ....

papier .... widok ....

winda .... imię ....

11 Welche Adjektivform passt zum Substantiv? Markieren Sie.

1. (niemiecki)   niemiecka   niemieckie   paszport
2. brudny   brudna   brudne   ręcznik
3. europejski   europejska europejskie program
4. neutralny   neutralna   neutralne   polityka
5. dobry   dobra   dobre   śniadanie
6. wolny   wolna   wolne   pokój
7. zepsuty   zepsuta   zepsute   prysznic
8. nowy   nowa   nowe   auto
9. francuski   francuska   francuskie   kuchnia

12 Was passt nicht in die Reihe? Streichen Sie jeweils einen Begriff.

1. klucz — recepcja — apteka — pokój jednoosobowy
2. siedemnaście — zero — piętnaście — trzynaście
3. zepsuty — nie funkcjonuje — dobry — nie działa
4. telewizor — auto — samochód — parking
5. pieniądze — kuchnia — bank — karta kredytowa
6. prysznic — winda — woda — ręcznik
7. polski — francuski — niemiecki — europejski

piętnaście 15

13 Sammeln Sie Wörter zum Thema Hotel.

recepcja

Hotel

14 Kreuzworträtsel: Wie heißt das Lösungswort?

1. vier
2. gleich
3. Schlüssel
4. dort können Sie in den Ferien wohnen
5. dort bekommen Sie den Zimmerschlüssel
6. zwei
7. Fenster
8. kaputt

15 Wie heißt das auf Polnisch?

1. Ich verstehe nichts.
2. Mein Zimmer ist schmutzig.
3. Wie viel kostet ein Einzelzimmer?
4. Verstehen Sie alles? (Sie fragen eine Frau.)
5. Es gibt kein Wasser.
6. Wo kann man parken?
7. Darf ich das anschauen?
8. Kannst du das erledigen?
9. Ist das alles?
10. Wem gehört der Schlüssel?

16 szesnaście

Powtórka 1

1 Schreiben Sie alle Substantive auf, an die Sie sich erinnern.

m	f	n
paszport	*dziewczyna*	*centrum*
....	....	....
....	....	....
....	....	....
....	....	....

2 *Skąd? co? gdzie? kto? czy?* – Setzen Sie das passende Fragewort ein.

Klaus: O, witam!
Marek: Cześć!
Klaus: .... to jest?
Marek: Andrzej.
Klaus: .... on jest?
Marek: Z Warszawy.
Klaus: .... to jest twój kolega?
Marek: Tak.
Klaus: A to, ... to jest?
Marek: Moja walizka.
Klaus: A .... jest moja walizka?
Marek: Tam.

3 Was gehört zusammen? Ergänzen Sie.

▪ MOŻE ▪ ILE ▪ DO ▪ MI ▪ NIE ▪ WIECZÓR ▪

.... JUTRA!   .... KOSZTUJE?
BARDZO .... MIŁO.   .... MI PAN POMÓC?
DOBRY ....   NIESTETY, ... WIEM.

4 Wie lautet „das Gegenteil"?

dzień dobry ....

plus ....

ona ....

pan ....

noc ....

wszystko ....

5 Sammeln Sie Wörter zu den Begriffen.

łazienka: *toaleta*, ..., ..., ...

hotel: *recepcja*, ..., ..., ...

ulica: *poczta*, ..., ..., ...

bank: *karta kredytowa*, ..., ...

6 Wie heißt das auf Polnisch?

1. Unterschreiben Sie hier, bitte. ....
2. Verstehst du? .... ?
3. Wo seid ihr? .... ?
4. Ein sehr gutes Frühstück. ....
5. Meine Freundin versteht nichts. ....
6. Bitte parken Sie dort. ....
7. Mein Freund hat Probleme. ....
8. Worum geht es? .... ?
9. Bitte, hier ist meine Kreditkarte. ....
10. Ich weiß alles. ....
11. Gibt es hier eine Garage? .... ?

7 Ergänzen Sie.

 ①  ② 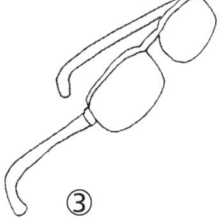 ③ 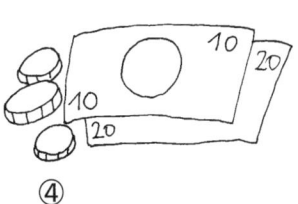 ④

1. To ....
2. To ....
3. Gdzie .... moje .... ?
4. Gdzie .... nasze .... ?

8 Ergänzen Sie mit den Präpositionen: *w, przed, z (2x), po (2x), na.*

1. Tam .... lewej stronie jest apteka.
2. Proszę iść prosto, a potem .... prawo.
3. Mój chłopak jest .... Polski.
4. Proszę pokój jednoosobowy .... jedną noc.
5. Gdzie jest moja walizka? .... hotelem.
6. Skąd jest twoja dziewczyna? .... Berlina.
7. Nasz hotel jest tam .... prawej stronie.

9 Verneinen Sie die Sätze.

1. To są nasze problemy.
2. To jest mój numer telefonu.
3. Moja mama nazywa się Ola.
4. Można płacić kartą kredytową.
5. Rozumiem.
6. Mogę pani pomóc. *Niestety,*

10 Verneinungen. Antworten Sie.

1. Czy pan jest z Polski? — *Nie, ja nie jestem z Polski.*
2. Czy to są wasze pieniądze?
3. Czy twój hotel jest w centrum?
4. Czy to kosztuje dwadzieścia złotych?
5. Czy pani wie, gdzie jest pan Tomasz?
6. Czy można tu zaparkować?
7. Czy twoja dziewczyna nazywa się Dorota?
8. Czy to jest nasz autobus?

11 Welche polnischen Vornamen kennen Sie?

m — *Grzegorz,*

w — *Ania,*

12 Was passt zusammen?

▪ wolny ▪ Floriańska ▪ nowe ▪ benzynowa ▪
▪ zepsuty ▪ Potocki ▪ Zamkowy ▪ turystyczna ▪

informacja _____   Jurek _____
ulica _____   _____ biuro
plac _____   _____ pokój
stacja _____   _____ komputer

13 Ergänzen Sie die passende Form des Verbs *mieć*.

1. Czy wy _____ nowe auto?
2. My _____ pokój numer pięć.
3. Pani Potocka _____ nowe okulary.
4. (Ty) _____ pieniądze?
5. Grzegorz i Ewa _____ nowy telewizor.
6. Ja _____ wolny dzień.

14 *Jego, jej, ich?* Bilden Sie Sätze.

1. Pani Ewa/córka Bożenka
   To jest pani Ewa, a to jej córka Bożenka.

2. Jurek/dziewczyna Joasia
   ....

3. Elżunia i Marysia/brat Tomek
   ....

4. pani Ludwika/córka Anna
   ....

5. Piotr/siostra Agnieszka
   ....

15 Ergänzen Sie.

1. To jest *nasze* .... dziecko.   my
2. To jest .... auto.   Andrzej i Ela
3. To jest .... paszport.   ja
4. To są .... koleżanki.   Ewa i ja
5. To jest .... pokój.   Marysia i Dorotka
6. To jest .... rower.   Piotr
7. To jest .... walizka.   ja
8. To jest .... klucz.   ty
9. To są .... okulary.   Anka
10. To jest .... kolega.   wy
11. To są .... pieniądze.   ty

16 Was sagen Sie, wenn Sie ...

1. jemanden grüßen? ....
2. sich vorstellen? ....
3. auf eine Vorstellung reagieren? ....
4. jemanden vorstellen? ....
5. nach dem Namen fragen? ....
6. nach dem Herkunftsland fragen? ....
7. das Herkunftsland nennen? ....
8. fragen, wo sich etwas befindet
   und dazu Auskunft geben? ....
   ....
9. sich bedanken? ....
10. zustimmen? ....
11. sich entschuldigen? ....
12. Unwissen ausdrücken? ....
13. jemanden ansprechen? ....
14. etwas bedauern? ....
15. sagen, dass Ihnen etwa
    gehört / nicht gehört? ....
    ....
16. Hilfe brauchen? ....
17. nach einem Hotelzimmer fragen? ....
18. sich beschweren, dass etwas
    kaputt ist, oder etwas fehlt? ....
    ....
19. um Erlaubnis bitten? ....
20. sagen, dass Sie etwas nicht verstehen? ....
21. nach dem Preis fragen? ....
22. sich verabschieden? ....

4 Kawa czy herbata?

1 Hören Sie. Ergänzen Sie die Wörter mit *y, i* bzw. *e* und sprechen Sie nach.

1. w___jście
2. Austr___a
3. wid___l___c
4. dobr___
5. bułk___
6. w___jście
7. prz___kro
8. kol___ga
9. dobr___
10. śniadani___

2 Hören Sie zu und ergänzen Sie das Gespräch.

Kelner: _____ _____ panu!

Pan Kowalski: Dzień dobry. Proszę _____, dwa _____, chleb i jedno jajko.

Kelner: Jajko na miękko, czy może jajecznicę?

Pan Kowalski: _____.

Kelner: Niestety musi pan trochę poczekać.

Pan Kowalski: Nie szkodzi. Proszę jeszcze sok _____.

3 Akkusativ. Ergänzen Sie.

1. Mam *dobrą polską szynkę*.   dobra polska szynka
2. Pani Kwiatkowska ma _____.   małe dziecko
3. Masz _____?   dobra kawa
4. My mamy _____.   polska kiełbasa
5. Masz _____?   sok jabłkowy
6. Macie _____?   dżem pomarańczowy

4 Ergänzen Sie die Pluralformen.

◆ Jurek, możesz mi pomóc?

○ Oczywiście.

◆ Wiesz, gdzie są _____ (nóż), _____ (widelec) i _____ (łyżka)?

○ Nie, ale tu są _____ (szklanka) i _____ (filiżanka).

◆ Dobrze, a gdzie są _____ (talerz) i _____ (serwetka)?

○ Nie wiem.

dwadzieścia trzy 23

5 *Jeden, jedna, jedno* – Setzen Sie die passende Form ein.

1. Mogę dostać .... łyżeczkę?
2. Na śniadanie jem tylko .... rogalik.
3. Proszę, tu jest .... jajko na miękko, chleb i masło.
4. Proszę .... świeży chleb i cztery bułki.
5. Mogę prosić o .... kawałek chleba?
6. Tu jest tylko .... serwetka.
7. Chcę jeszcze .... bułkę.

6 Bilden Sie Sätze.

1. ▫ NA ŚNIADANIE ▫ ZBYSZEK I WANDA ▫ KAWA Z MLEKIEM ▫ PIĆ ▫
   Zbyszek i Wanda piją na śniadanie kawę z mlekiem.
2. ▫ PAN KRZYSZTOF ▫ KAWAŁEK CIASTA ▫ DWA ROGALIKI ▫ I ▫ CHCIEĆ ▫
   ....
3. ▫ TY ▫ CO ▫ PIĆ ▫
   .... ?
4. ▫ ULA ▫ DWA JAJKA ▫ TRZY BUŁKI ▫ JEŚĆ ▫ I ▫
   ....
5. ▫ CO ▫ NA ŚNIADANIE ▫ WY ▫ JEŚĆ ▫ ZAWSZE ▫
   .... ?
6. ▫ JAJECZNICA ▫ TOMASZ I BEATA ▫ JEŚĆ ▫
   ....

7 Ergänzen Sie die richtige Verbform (Präsens).

1. Zbyszek .... kawałek ciasta. *chcieć*
2. Moje dziecko .... na śniadanie ciepłe mleko. *pić*
3. (My) bardzo .... angielską herbatę. *lubić*
4. Elżunia i Urszula .... herbatę z cytryną. *chcieć*
5. (Ty) .... dżem? Tak, ale .... miód. *lubić / woleć*
6. Ja nic nie .... *chcieć*
7. Mój brat .... na śniadanie mocną kawę. *pić*

8 Ergänzen Sie.

Ania ma bardzo (miły chłopak) ...., Krzyśka. Krzysiek (lubić) .... (ciasto) .... i Ania często robi (szarlotka) ...., (sernik) .... albo (makowiec) .... Krzysiek ma (brat) ...., (Andrzej) .... Andrzej zawsze po południu (pić) .... (angielska herbata) .... z mlekiem.

9 Wie können diese Lebensmittel sein? Ergänzen Sie.

.... rogalik

sok ....

.... szarlotka

woda ....

.... mleko

.... herbata

- mocna
- jabłkowy
- wspaniała
- mineralna
- zimne
- świeży

10 *Ten, ta, to, te?* Setzen Sie ein.

O Przepraszam, ale .... kawa jest bardzo zimna, a .... bułki nie są świeże.

♦ O, przepraszam.

O Mogę dostać .... sok?

♦ Oczywiście, proszę.

O Przepraszam, ale .... makowiec nie jest świeży.

♦ Naprawdę? Ale .... szarlotka jest świeża.

O Proszę pana, ... piwo nie jest zimne.

♦ Bardzo mi przykro.

11 Ergänzen Sie die Sätze im Plural.

1. Ta bułka z masłem jest moja, a tamte bułki z serem są twoje.
2. To jajko jest świeże, ale .... nie .... świeże.
3. Ta bułka jest z serem, a .... z szynką.
4. Ten talerz jest brudny, ale .... nie .... brudne.
5. Ten jogurt jest niedobry, ale .... bardzo dobre.

12 Was passt nicht in die Reihe? Streichen Sie jeweils einen Begriff.

1. rogalik – zupa – bułka – chleb
2. dżem – miód – sól – masło
3. sól – cukier – łyżeczka – herbata
4. mleko – herbata – kawa – banan
5. łyżeczka – nóż – talerz – łyżka
6. sok jabłkowy – jogurt – sok pomarańczowy – sok grejpfrutowy
7. mleko – piwo – śmietanka – jogurt

13 Hier haben sich 12 Begriffe zum Thema „śniadanie" versteckt (senkrecht und waagerecht). Können Sie sie finden?

b	f	l	b	p	t	r	w	a
n	l	a	u	c	g	o	k	ł
m	a	s	ł	o	r	g	d	ś
j	a	j	k	o	w	a	ż	u
d	h	z	a	c	h	l	e	b
i	p	s	b	f	e	i	m	c
m	l	e	k	o	r	k	y	n
h	b	r	e	g	b	m	k	w
k	m	s	ł	i	a	o	a	h
s	ó	l	p	ś	t	f	w	f
j	m	i	ó	d	a	z	a	t

14 Wie heißt das auf Polnisch?

1. Kann ich bitte Tee mit Zitrone bekommen? ....
2. Ich will ein Brötchen und (einen) Joghurt. ....
3. Dieser Schinken ist sehr gut. ....
4. Ich trinke zum Frühstück immer starken Kaffee. ....
   ....
5. Ihr müsst einen Augenblick warten. ....
6. Was willst du trinken? ....
7. Willst du Mineralwasser oder vielleicht Apfelsaft? ....
   ....
8. Hast du Lust auf frischen Kuchen? – Ja, sehr gern. ....
   ....
9. Dieses Messer ist schmutzig. ....
10. Hast du einen netten Kollegen? ....
11. Krzysztof trinkt gerne grünen Tee. ....

5 Smacznego!

1 Hören Sie zu und sprechen Sie nach.

łazienka, chcemy, dżinsy, bułki, długo, chłopak, chwileczkę, jabłkowy, trochę, łyżka, płacić, wspaniałe, słaby, dżentelmen, nie działa, hotel

2 *u* oder *ó*? Ergänzen Sie.

ceb....la   kl....ski   w....dka
kap....sta   wiecz....r   s....r....wka
mi....d   k....rczak   b....łka

3 Sie wollen einen Tisch im Restaurant reservieren. Schreiben Sie einen Dialog.

> ▪ Oczywiście, na ile osób? ▪ Dziękuję. ▪
> ▪ Dzień dobry, moje nazwisko Kaiser. Można zarezerwować stolik na dzisiaj wieczór? ▪
> ▪ Trzy. ▪ Proszę bardzo. ▪
> ▪ Restauracja „U Romka", słucham? ▪

◆ ....
○ ....
◆ ....
○ ....
◆ ....
○ ....

dwadzieścia siedem 27

4 Suppen, Hauptgerichte, Nachspeisen. Ordnen Sie zu.

> ▪ barszcz z uszkami ▪ pstrąg z patelni ▪ jagody z bitą śmietaną ▪ bigos ▪ lody owocowe ▪
> ▪ karp smażony ▪ rolady wołowe z ziemniakami ▪ lody czekoladowe ▪ rosół ▪
> ▪ kotlet schabowy ▪ zupa pomidorowa z makaronem ▪ szarlotka ▪ kapuśniak ▪
> ▪ kotlet mielony ▪ krupnik ▪ tort czekoladowy ▪ zupa ogórkowa ▪ pierogi ▪ sernik ▪
> ▪ naleśniki z dżemem ▪ zupa grzybowa ▪ kurczak pieczony z frytkami ▪

zupy	drugie dania	desery

5 Hören Sie und antworten Sie.

1. Czy Ewa i Bogdan chcą zjeść śniadanie? *Nie, oni chcą zjeść...*
2. Co chce pić Ewa, a co Bogdan?
3. Co poleca kelner?
4. Co chce zjeść Bogdan, a co Ewa?
5. Czy Ewa lubi bigos?

6 Ergänzen Sie.

Kellner: *Sie:*

◆ Dzień dobry, co podać do picia?   ○ Sie bestellen ein Glas Weißwein.

◆ Proszę bardzo. Tu jest karta.   ○ Sie bedanken sich.

   ...

◆ Proszę, tu jest wino.   ○ Sie bedanken sich und bestellen Ente auf polnische Art und rote Bete.

◆ Proszę bardzo. To wszystko?   ○ Sie bitten noch um Mineralwasser und bedanken sich.

◆ Bardzo proszę.

7 Sagen Sie, dass Sie ein bisschen (*trochę*) davon wollen.

1. chleb — *Chcę trochę chleba.*
2. barszcz
3. mięso
4. sałatka
5. rosół
6. woda
7. surówka
8. bigos
9. szampan
10. zupa

8 Ordnen Sie die Substantive nach den Genitivendungen ein (Singular).

-a	-u	-i	-y
stolika			

- stolik - osoba - nazwisko - dżentelmen - Rafał -
- makaron - zupa - ogórek - sałatka - obiad -
- pieprz - łyżeczka - talerz - Bogdan - Ewa -
- Warszawa - Polska - kelner - filiżanka - wieczór -
- kolega - widelec - okno - nóż - serwetka -
- kolacja - Ania - Janek - rachunek -

9 Ergänzen Sie. Beachten Sie die Endungen.

Andrea i Tadeusz są w restauracji. Andrea .... (*pić*) sok jabłkowy, a Tadeusz piwo. Andrea bardzo .... (*lubić*) .... (*zupa*) ogórkową, ale dzisiaj zupa jest niestety .... (*zimny*) i niedobra. Tadeusz nie .... (*jeść*) .... (*zupa*). Na drugie danie kelner poleca .... (*rolada*) wołową, ale oni nie .... (*jeść*) .... (*mięso*). Andrea .... (*chcieć*) .... (*smażona ryba*), a Tadeusz pierogi z kapustą.

10 Ergänzen Sie die Präpositionen: *dla (4x), do (3x), bez (1x), niedaleko (1x).*
Setzen Sie die Substantive in den Genitiv.

1. Idę *do baru*.   bar
2. Ten szampan jest _____.   Rafał
3. Proszę, to _____.   państwo
4. Czy ta kawa jest _____?   cukier
5. _____ jest to piwo?   kto
6. Restauracja „Europejska" jest _____. bank
7. Możemy iść dzisiaj _____?   restauracja
8. Ten tort jest _____.   Ewa
9. _____ piję zawsze białe wino. ryba

11 Verneinen Sie die Sätze.

1. Chcemy zjeść obiad. _____.
2. Moje dziecko lubi zupę grzybową. _____.
3. Waldek pije zimną wodę. _____.
4. Bardzo lubimy polską kiełbasę. _____.
5. Na obiad jem rybę. _____.
6. Pan Kwiatkowski chce białe wino. _____.

12 Bilden Sie Sätze nach dem Beispiel.

1. *Masz śmietanę?*   *Nie mam śmietany*.   śmietana
2. *Czy Jurek ma* ___? *Nie, Jurek* _____.   miód
3. *Masz* ___?   *Nie* _____.   pieprz
4. *Czy Waldek* ___?   *Nie,* _____.   piwo
5. *Czy oni* ___?   _____.   ten rachunek
6. *Masz* ___?   _____.   czerwone wino
7. *Czy Ela* ___?   _____.   kiszona kapusta
8. *Masz* ___?   _____.   sok pomarańczowy

13 Ergänzen Sie das Gedicht.

Smacznego!

Bułki, masło, miód i dżem

na .... zawsze ....

.... skromny: ryż, ziemniaki,

rosół, kotlet i buraki,

barszcz, makaron, frytki, ...

Nie za dużo? – Starczy chyba.

A na .... dla ochłody

dla każdego zimne ....

A co myślisz o kolacji?

Idziemy .... !

▪ ryba ▪ jem ▪ do ▪
▪ śniadanie ▪ lody ▪ obiad ▪
▪ restauracji ▪ deser ▪

14 Ergänzen Sie die richtige Verbform (Präsens).

1. Co (ty) .... zawsze na śniadanie?   *jeść*
2. Dzisiaj (my) .... do restauracji na obiad.   *iść*
3. Chcę .... do kina.   *iść*
4. Oni zawsze .... kolację w domu.   *jeść*
5. Twoja dziewczyna bardzo mało ....   *jeść*
6. Ja .... na pocztę.   *iść*
7. Mogę to .... ?   *zjeść*

15 Was passt nicht in die Reihe? Streichen Sie jeweils einen Begriff.

1. rosół – zupa pomidorowa – kotlet – barszcz
2. sok – wino czerwone – wino białe – szampan
3. makaron – ryż – ziemniaki – lody
4. pstrąg – kotlet mielony – pieczeń wołowa – rolady
5. szarlotka – karp smażony – sernik – tort
6. buraki – ogórek kiszony – naleśniki z serem – surówka z kiszonej kapusty

16 Kreuzworträtsel

1. mogą być z jagodami, z serem albo z kapustą
2. tradycyjne polskie danie
3. tradycyjna polska zupa
4. może być kiszony
5. mała łyżka
6. mineralna
7. tam możesz zjeść obiad i kolację
8. ryba
9. rosół

17 Wie heißt das auf Polnisch?

1. Bitte ein Glas Weißwein.
2. Ist dieser Tisch frei?
3. Für mich bitte einen Apfelkuchen mit Schlagsahne.
4. Entschuldigung, aber ich habe kein Messer.
5. Magst du Fleischbrühe mit Nudeln?
6. Was wollen Sie essen?
7. Alles in Ordnung? – Ja, selbstverständlich.
8. Ich mag kein Fleisch.
9. Hast du etwas zu trinken?
10. Am Abend gehen wir ins Restaurant.
11. Was willst du zum Nachtisch?
12. Trinken Sie immer Kaffee ohne Milch?
13. Meine Mutter trinkt viel starken Tee.

6 Wszystkiego najlepszego!

1 Ist der Vokal nasaliert oder nicht nasaliert? Kreuzen Sie an.

	1.	2.	3.	4.	5.	6.
nasaliert	☐	☐	☐	☐	☐	☐
nicht nasaliert	☐	☐	☐	☐	☐	☐

2 Sprechen Sie nach und achten Sie dabei besonders auf die Aussprache von ą und ę.

1. Chcę płacić kartą kredytową.
2. Proszę herbatę z cytryną.
3. Naprawdę?
4. Lubię mocną kawę.
5. Chcę wodę mineralną.
6. Oni lubią polską szynkę.
7. W niedzielę Andrzej i Bożena chcą zjeść dobrą kolację.
8. Dziesięć książek.

3 Über etwas staunen. Bilden Sie Sätze.

> ▪ ładny ▪ duży ▪ ciepłe ▪ praktyczna ▪ ładne ▪

  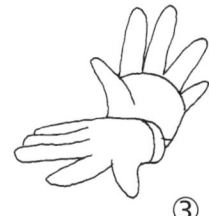  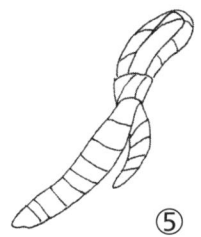

① ② ③ ④ ⑤

1. *O, jakie ładne kwiaty!*
2. ....
3. ....
4. ....
5. ....

trzydzieści trzy   33

4 Was eignet sich als Geschenk für einen Mann und was eignet sich für eine Frau?

> komputer ▪ samochód ▪ koszula ▪ radio ▪ kwiaty ▪ szampan ▪ walizka ▪
> książka ▪ kosmetyki ▪ krawat ▪ album ▪ bilety do kina ▪ kompakt ▪ wino ▪
> rękawiczki ▪ bombonierka ▪ szalik ▪ czekolada ▪ tort ▪ wódka ▪ rower ▪
> telewizor ▪ sweter ▪ duży ręcznik ▪ pieniądze ▪ ciasto ▪ róże ▪

prezenty dla panów: ....
....
....

prezenty dla pań: ....
....

5 Ergänzen Sie die Dialoge.

1. ◆ Czy lubisz czytać polskie książki?
   ○ *Nie, nie lubię czytać polskich książek.*

2. ◆ Czy masz nowe rękawiczki?
   ○ *Nie,*

3. ◆ Czy macie prezenty dla Natalii i Leszka?
   ○ *Nie,*

4. ◆ Czy twoja dziewczyna lubi czerwone róże?
   ○ *Nie,*

5. ◆ Czy Jurek ma te bilety?
   ○ *Nie,*

6. ◆ Czy masz moje niemieckie albumy?
   ○ *Nie,*

7. ◆ Czy Ewa ma nowe okulary?
   ○ *Nie,*

8. ◆ Czy chcesz kupić tamte dżinsy?
   ○ *Nie,*

9. ◆ Czy lubicie bułki na śniadanie?
   ○ *Nie,*

6 Ergänzen Sie den Wunschzettel.

- białe róże
- czekolady
- drogie kosmetyki
- książki kucharskie
- płyty kompaktowe
- bombonierki
- modne dżinsy

Chcę dostać na imieniny:
- *sto* ....
- *pięć* ....
- *dużo* ....
- *kilka* ....
- *sześć* ....
- *pięć* ....
- *parę* ....

7 Hören Sie und ergänzen Sie das Gespräch.

♦ Witam! Co nowego?

O Wszystko .... A co u ciebie?

♦ Nic .... Możemy się jutro .... spotkać?

O Nie, jutro nie mogę. Muszę iść na kurs francuskiego, ale we .... i w .... mam wolne.

♦ We wtorek i w środę ja nie mam czasu. A w .... ?

O Dobrze. No to do zobaczenia w piątek wieczorem w restauracji.

8 Verbinden Sie die Fragen mit den passenden Antworten.

1. Co słychać?
2. Musisz dzisiaj długo pracować?
3. Kiedy masz imieniny?
4. Masz jutro czas?
5. Czego się napijesz?

a. Jutro.
b. Tak, jutro nie muszę pracować.
c. Wody.
d. Nie, dzisiaj mam wolne.
e. Nic specjalnego.

9 *Musieć*. Ergänzen Sie die passende Verbform.

1. Moja mama ma imieniny, ... kupić kwiaty.
2. Czy (ty) .... jechać dzisiaj wieczorem do Wiednia?
3. Nasz telewizor jest zepsuty, ... kupić nowy.
4. Adam i ja .... zawsze pracować w soboty.
5. Czy Agata i Tadek .... jutro długo pracować?
6. Czy (wy) .... zarezerwować stolik w restauracji na imieniny Andrzeja?
7. Nie mam czasu, bo .... iść na kurs polskiego.

10 Tragen Sie die Wochentage ein.

11 Ergänzen Sie die Wochentage und die Tageszeiten.

Dzisiaj jest poniedziałek. Kinga nie lubi (poniedziałki) ...., bo wtedy musi długo pracować. Jutro, we .... Kinga pracuje tylko przed ...., ale w (środa) .... niestety cały dzień. W (piątek) .... i w (sobota) .... Kinga ma zawsze wolne, a w .... musi tylko pracować po ....

12 Ergänzen Sie die Zahlen.

dwadzieścia dwa – .... – .... – dwadzieścia sześć – dwadzieścia osiem

dwadzieścia – trzydzieści – .... – pięćdziesiąt – ....

siedemdziesiąt trzy – siedemdziesiąt siedem – osiemdziesiąt jeden – ....

36   trzydzieści sześć

13. Was passt nicht in die Reihe? Streichen Sie jeweils einen Begriff.

1. imieniny – praca – prezent – kwiaty
2. szalik – rękawiczki – stół – krawat
3. kosmetyki – bombonierka – tort – czekolada
4. niedziela – maj – piątek – sobota
5. książki – kompakty – albumy – róże
6. zepsuty – wspaniały – doskonały – ładny
7. po południu – w środę – wieczorem – rano
8. kilka – parę – mało – dużo
9. bilet – dżinsy – sweter – koszula
10. dziesięć – trzy – dziewięćdziesiąt – dwadzieścia

14. Wie heißt das auf Polnisch?

1. Ich will diese Blumen nicht. ....
2. Wo ist mein warmer Schal? .... ?
3. Waldek und Krysia haben nur fünf Minuten Zeit. ....
4. Alles Gute zum Geburtstag! .... !
5. Wann fährst du nach Posen? .... ?
6. Kamil muss fünf neue Hemden kaufen. ....
7. Ich mag keine teuren Geschenke. ....
8. Wann hast du einen freien Tag? .... ?
9. Hervorragende Idee! .... !
10. Wann habt ihr diese wichtige Konferenz? .... ?
11. Wie viele CDs willst du kaufen? .... ?
12. Dort gibt es einige schöne Krawatten. ....
13. Ich muss mir ein Paar neue Jeans kaufen. ....
14. Aneta will immer etwas Praktisches zum Geburtstag. ....
15. Karolina und Mateusz müssen manchmal sehr lange arbeiten. ....

Powtórka 2

1 Sammeln Sie Wörter.

restauracja
kelner, jeść...

śniadanie
świeży rogalik, mocna kawa...

imieniny
ładny prezent, sto lat...

2 Bilden Sie Sätze.

1. WE ▪ AGATA ▪ CZAS ▪ MA ▪ WTOREK
2. TY ▪ DŁUGO ▪ KIEDY ▪ PRACOWAĆ ▪ MUSISZ
3. TADEUSZ ▪ DOKĄD ▪ JEDZIE
4. TROCHĘ ▪ MOGĘ ▪ PIEPRZU ▪ DOSTAĆ
5. NIE ▪ JA ▪ ZAMÓWIŁAM ▪ TEGO ▪ NIESTETY
6. SĄ ▪ TALERZE ▪ BRUDNE ▪ TE
7. RĘKAWICZKI ▪ TE ▪ SĄ ▪ BARDZO ▪ CZERWONE ▪ ŁADNE

3 Wie lautet das Gegenteil?

▪ skąd ▪ źle ▪ zimny ▪ wieczorem ▪ wejście ▪ czerwone wino ▪ po południu ▪ osobno ▪ mało ▪

1. razem
2. dużo
3. przed południem
4. wyjście
5. białe wino
6. rano
7. ciepły
8. dobrze
9. dokąd

4 Welche Wörter haben gleiche Bedeutung? Verbinden Sie.

1. nie funkcjonuje
2. dziś
3. szkoda
4. kompakt
5. dziękuję

a. dzięki
b. płyta kompaktowa
c. nie działa
d. bardzo mi przykro
e. dzisiaj

5 Schreiben Sie kurze Dialoge.

1. ♦ Basia ▪ jeść zupę. też ▪ ty – chcieć
   ○ woleć ▪ (jeść) drugie danie
   - ♦ Basia je zupę. Chcesz też zupę?
   - ○ Nie, wolę (jeść) drugie danie.

2. ♦ Tadeusz ▪ pić piwo. też ▪ ty ▪ chcieć
   ○ woleć ▪ (pić) herbatę
   - ♦ ....
   - ○ *Nie,* ....

3. ♦ Zbyszek ▪ jechać do Krakowa. – też ▪ ty ▪ jechać ▪ do Krakowa
   ○ (jechać) do Warszawy
   - ♦ ....
   - ○ *Nie,* ....

4. ♦ Agata ▪ lubić niedziele. – też ▪ ty ▪ lubić
   ○ woleć ▪ soboty
   - ♦ ....
   - ○ *Nie,* ....

5. ♦ Ewa ▪ jeść czekoladę. – też ▪ ty ▪ chcieć
   ○ wolę ▪ (jeść) ciasto
   - ♦ ....
   - ○ *Nie,* ....

6. ♦ Adam ▪ jechać do Niemiec. – też ▪ ty ▪ jechać
   ○ (jechać) do Austrii
   - ♦ ....
   - ○ *Nie,* ....

trzydzieści dziewięć

6 Ergänzen Sie die Verbformen.

	pić	lubić	jeść	iść	jechać	woleć
ja	piję				jadę	
ty		lubisz		idziesz		
on, ona, ono						woli
my			jemy			
wy					jedziecie	
oni, one			jedzą			

7 Ergänzen Sie die Präpositionen.

■ do ■ na ■ z ■ dla ■ po ■ bez ■

Kinga: Wiesz, jutro .... południu idziemy .... imieniny .... Patrycji. Mam już kwiaty.

Karolina: To dobrze, ale nie możemy iść .... prezentu. Kwiaty to za mało. Musimy kupić jeszcze coś ładnego, ale co?

Kinga: Patrycja jest .... Anglii, to może kupimy dobrą herbatę albo angielski dżem pomarańczowy?

Karolina: To doskonały pomysł. Dobra angielska herbata i bukiet róż to dobry prezent .... Patrycji.

8 Ergänzen Sie und bilden Sie fünf Beispielsätze mit dem Genitiv.

Nom. Sg.	Gen. Sg.	Nom. Pl.	Gen. Pl.
1. chleb	chleba	chleby	chlebów
2.			bułek
3.		jajka	
4. piwo			
5.			serwetek
6.		bilety	
7. książka			
8.	prezentu		
9. rękawiczka			
10.		szaliki	

40   czterdzieści

Chcę trochę chleba.

a. ....
b. ....
c. ....
d. ....
e. ....

9 Was passt zu den Verben?

> ▪ do Polski ▪ wino ▪ obiad ▪ wodę mineralną ▪ mocną kawę ▪ do Warszawy ▪
> ▪ kolację ▪ do Niemiec ▪ bułkę ▪ sok jabłkowy ▪ do Krakowa ▪ śniadanie ▪ do domu ▪
> ▪ zieloną herbatę ▪ do pracy ▪ szarlotkę ▪ herbatę z rumem ▪ do Poznania ▪ herbatniki ▪

pić   *wino, ...* ....

jeść ....

jechać ....

10 Bilden Sie Sätze.

Szymek lubi tort, ale nie lubi lodów.

Małgosia ....

Kamil ....

Ela i Jerzy ....

Angelika ....

Marcin i Ewa ....

czterdzieści jeden 41

11 *Musieć.* Bilden Sie Fragen.

1. ▪ ty ▪ jutro pracować ▪   *Czy musisz jutro pracować?*
2. ▪ twoja mama ▪ jechać ▪   *Dokąd* _____?
3. ▪ twój kolega ▪ zrobić porządek w domu ▪   *Kiedy* _____?
4. ▪ Adam ▪ zarezerwować pokój w hotelu ▪   *Czy* _____?
5. ▪ wy ▪ kupić coś na obiad ▪   *Czy* _____?
6. ▪ Maciek ▪ jechać do Niemiec ▪   *Kiedy* _____?

12 Wie heißt das auf Polnisch?

1. Ich will etwas essen. _____.
2. Magst du Brötchen? – Nein, ich mag lieber Hörnchen. _____.
3. Muss Karina morgen arbeiten? _____?
4. Ich habe keine warmen Handschuhe. _____.
5. Wo ist der Ausgang? _____?
6. Bartek und Wojtek mögen keine französischen Filme. _____.
7. Mögen Sie rote Rosen? – Nein, ich mag keine roten Rosen. _____.
8. Wohin muss er fahren? _____?
9. Marta mag polnische Musik nicht. _____.
10. Agata und Adam wissen nicht, was sie zum Abendbrot kaufen müssen. _____.
11. Samstags muss ich nicht arbeiten. _____.
12. Setzt euch, bitte! _____!

13. Kinga und Mateusz gehen heute ins Kino. _____ .

14. Das Fleisch ist angebrannt. _____ .

15. In der Nähe meines Hauses gibt es ein gutes Restaurant.

_____ .

13 Was sagen Sie, wenn Sie …

1. Lust auf einen Kaffee haben? _____
2. sagen, dass es Ihnen nichts ausmacht? _____
3. um ein Brötchen bitten? _____
4. polnische Wurst mögen? _____
5. einen Tisch im Restaurant reservieren? _____

_____

6. im Restaurant eine Fleischbrühe mit
   Nudeln und Schweinebraten bestellen? _____

_____

7. „Guten Appetit" wünschen? _____
8. sagen, dass Sie keinen Fisch mögen? _____
9. sagen, dass der Apfelkuchen sehr gut ist? _____
10. die Rechnung verlangen? _____
11. sagen, dass die Rechnung nicht stimmt? _____
12. zum Namenstag gratulieren? _____

_____

13. über ein teures Geschenk staunen? _____
14. nach dem Wohlbefinden fragen? _____
15. jemanden fragen, ob er Zeit hat? _____

7 Poproszę kilo jabłek

1 Was hören Sie: *sz* oder *ś*, *cz* oder *ć*? Kreuzen Sie an.

a
	1.	2.	3.	4.	5.	6.	7.	8.
sz	☐	☐	☐	☐	☐	☐	☐	☐
ś/si	☐	☐	☐	☐	☐	☐	☐	☐

b
	1.	2.	3.	4.	5.	6.	7.	8.
cz	☐	☐	☐	☐	☐	☐	☐	☐
ć/ci	☐	☐	☐	☐	☐	☐	☐	☐

2 Hören Sie zu und sprechen Sie nach. Lesen Sie dann.

1. Gdzie jest księgarnia?
2. Dzień dobry, czy są świeże ciastka?
3. Może być?
4. Gdzie jest mój niemiecki słownik?
5. Niestety nie.
6. Chciałbym kupić niebieski, ciepły szalik.
7. Dzisiaj moje dziecko musi jechać do Gdańska.
8. Jutro zrobię ciasto z jagodami.

3 Bringen Sie die Sätze des Dialogs in die richtige Reihenfolge.

◯ Niestety, nie ma.
◯ To proszę chleb graham i trzy bułki.
① Czy jest chleb słonecznikowy?
◯ Nie, proszę jeszcze jedno ciastko.
◯ To wszystko?
◯ Z makiem, z jagodami czy z serem?
◯ Z serem. To wszystko.

4 Ergänzen Sie das Gespräch am Kiosk.

▫ to ▫ plan ▫ chusteczki ▫ znaczki ▫ księgarnia ▫ widokówki ▫ mydło ▫ maskotkę ▫ bilety ▫ płacę ▫

○ Proszę te dwie .... i dwa .... pocztowe.
◆ .... wszystko?
○ Nie, proszę jeszcze jedno .... i .... higieniczne. Ma pan też .... Warszawy?
◆ Tak, proszę.
○ Dziękuję. To wszystko. Ach nie, proszę jeszcze cztery .... tramwajowe i tę małą .... Ile .... ?
◆ Siedemnaście złotych i dwadzieścia pięć groszy.
○ Proszę. A ma pan może słownik polsko-niemiecki?
◆ Niestety nie, ale tam jest ....

czterdzieści cztery

5 Hören Sie. Was kauft Jola?

Jola kupuje ....
....

6 Ergänzen Sie.

Maciek ma dzisiaj urodziny i jego mama, Krystyna, musi zrobić duże zakupy. Najpierw musi kupić

coś na obiad: (5 – kotlet) _pięć kotletów_, (2 – ogórek) ....,

(4 – kilo – pomidor) i

(2 – cebula) .... Poza tym musi jeszcze kupić coś do picia:

(6 – sok pomarańczowy) i

(2 – woda mineralna) .... W supermarkecie Krystyna

chciałaby jeszcze kupić pieczywo: (12 – bułka) i

(14 – ciastko) .... Potem Krystyna musi iść do księgarni i kupić

(2 – książka) .... na prezent dla Maćka.

7 Sie kaufen ein. Schreiben Sie eine Liste.

5 kg	ziemniaki	_pięć kilogramów ziemniaków_
1/2 kg	ser	
30 dkg	szynka	
1/4 kg	kiełbasa	
1 kg	banany	
1/2 kg	cytryny	
2 kg	pomidory	
40 dkg	baleron	
2 kg	kiszona kapusta	
1 kg	mięso wołowe	

8 Was kann man hier kaufen? Ordnen Sie die Artikel den Geschäften zu.

> ▪ drewniany talerz ▪ bilety autobusowe ▪ szarlotka ▪ chleb ▪ kilim ▪
> ▪ widokówki ▪ aspiryna ▪ zapałki ▪ bandaż elastyczny ▪ album ▪ słowniki ▪
> ▪ szachy ▪ bilety tramwajowe ▪ kosmetyki ▪ ciastka ▪ znaczki ▪ papierosy ▪
> ▪ rajstopy ▪ książka kucharska ▪ karty telefoniczne ▪ mapy ▪ kotlety ▪
> ▪ plany ▪ filmy ▪ baleron ▪ coś z bursztynu ▪ kryształowy wazon ▪ zabawki ▪
> ▪ naszyjnik ▪ makowiec ▪ kiełbasa ▪ pączki ▪ szynka ▪ polędwica ▪
> ▪ obraz ▪ bułki ▪ rogaliki ▪ gazety ▪ plaster ▪ książki ▪

Apteka: ....

Mięso: ....

Księgarnia: ....

Pieczywo: ....

Pamiątki: ....

Kiosk: ....

9 Ergänzen Sie mit *chciałbym, chciałabym, ...*

Wojtek: .... kupić dzisiaj bilety do kina.

Aneta i Karolina: Jutro .... zaprosić naszych znajomych na obiad.

Jurek i Andrzej: .... coś zjeść.

Karina: Dziś wieczorem .... pójść do restauracji.

Mój kolega i ja: .... zobaczyć ten album o Warszawie.

Basia: Irek, co .... na kolację?

10 Was gehört zusammen? Verbinden Sie die Satzteile.

1. Niestety, bułek
2. Ta szabla jest bardzo ładna,
3. Te czarne skarpetki
4. Co Pan
5. Chcielibyśmy zobaczyć
6. Pieczywo
7. Muszę jeszcze kupić

a. ten drewniany talerz
b. można kupić w piekarni.
c. już nie ma.
d. kosztują pięć złotych.
e. chciałby kupić na pamiątkę?
f. ale trochę niebezpieczna.
g. marchewkę i pietruszkę.

11 Ordnen Sie zu.

> śmietanka ▪ cytryna ▪ wino ▪ banany ▪ pomidory ▪ ogórki ▪ bursztyn ▪ buraki ▪ kawa ▪ szynka ▪ mleko ▪ sól ▪ barszcz ▪ ryż ▪ morze ▪ czekolada ▪ miód ▪ cukier ▪ dżinsy

Co jest czerwone? *buraki,*
Co jest białe? ....
Co jest niebieskie? ....
Co jest żółte? ....
Co jest zielone? ....
Co jest różowe? ....
Co jest brązowe? ....

12 Ergänzen Sie die Fragen.

○ *Co dla Pana?*
◆ Szukam ciepłego swetra.
○ ....?
◆ Tak, dla mnie.
○ ....?
◆ 48 albo 50.
○ ....?
◆ Niebieski albo szary.
○ ....?
◆ Tak, ten jest ładny. ....?
○ 66 złotych.
◆ Dobrze.

13 Wie heißt das auf Polnisch?

1. Haben Sie frische Berliner/Krapfen?
   ....?

2. Ist dieses Sonnenblumenbrot frisch?
   ....?

3. Ich möchte ein polnisches Kochbuch und ein Wörterbuch.
   ....

4. Zeigen Sie mir bitte diese Kristallvase da drüben.
   ....

5. Wie viel kostet diese Telefonkarte?
   ....?

6. Wer zahlt heute?
   ....

7. Magst du Gemüsesalat?
   ....?

8. Diese helle Bernsteinkette ist sehr schön.
   ....

9. Können Sie mir das bitte zeigen?
   ....?

10. Das ist zu teuer.
    ....

11. In einem polnischen Kiosk kann man sogar Spielsachen kaufen.
    ....

12. Dieses blaue T-Shirt ist zu eng.
    ....

13. Wo kann ich diese Jacke anprobieren?
    ....?

14. Die Hose passt sehr gut.
    ....

15. Ich hätte gern den roten Pullover und die schwarze Bluse.
    ....

8 Kim jestem?

1

Hören Sie zu und sprechen Sie nach. Lesen Sie die Sätze dann noch einmal.

1. Mój brat Jurek pracuje w Warszawie, a moje siostry, Irena i Marta, pracują we Wrocławiu.
2. Poproszę cztery różowe róże.
3. Proszę przymierzyć tę czarną kurtkę.
4. Oni nie wiedzą, gdzie są ich pieniądze.
5. Chcę mocną, gorącą herbatę z cytryną i z cukrem.
6. Moja córka pracuje w restauracji w centrum Katowic.
7. To moje rodzeństwo: Patrycja, Kacper i Jacek.

2

c oder *dz*? Ergänzen Sie.

Moja ro......ina to: mój mąż Ka......per, ...órka ......elinka i syn Wa......ław. ......o......iennie rano ......ieci idą do szkoły, a mąż i......ie do pra......y. Ja idę na zakupy, a potem gotuję obiad. W nie......ielę je......iemy czasem do Mię......yzdrojów, g......ie mieszkają moi ro......ice. Wszys......y bar......o lubimy długie spa......ery nad morzem.

3 Ergänzen Sie.

Dzieci twoich dzieci to .... Mama i tata to .... Mąż i żona to ....
Brat i siostra to .... Córka i syn to .... Babcia i dziadek to ....

4 Familie Jaszyna. Ergänzen Sie.

> ▪ dziadka ▪ babcią ▪ syna ▪ na emeryturze ▪ ciocią ▪ córkę ▪ ekspedientką ▪

Państwo Jaszyna mają dwoje dzieci: jednego .... Jacka oraz .... Marysię. Siostra pana Łukasza Jaszyny jest .... Jacka i Marysi i nazywa się Magda. Pani Magda jest już .... i ma jednego wnuka Krzysia. Jacek i Marysia bardzo lubią swojego .... Dionizego. Pan Dionizy ma 76 lat, jest .... i lubi chodzić na długie spacery. Mama Jacka i Marysi jest .... i pracuje w księgarni.

czterdzieści dziewięć

5 Ergänzen Sie.

1. Czy pan Kowalski jest (lekarz) _____?
   Nie, pan Kowalski jest (informatyk) _____.

2. Czy Ewa jest (studentka) _____?
   Nie, ona jest (ekspedientka) _____.

3. Czy Jurek jest (dyrektor) _____ banku?
   Nie, on jest (szef) _____ supermarketu.

4. Czy Wiesiek jest (uczeń) _____?
   Nie, on jest (student) _____ matematyki.

5. Czy pani Magda jest (kelnerka) _____?
   Nie, ona jest (sekretarka) _____.

6. Czy pan Sowa jest (sprzedawca) _____?
   Nie, on jest (nauczyciel) _____.

6 Ergänzen Sie die Aussagen.

1. Studiuję razem z _moim kolegą._   mój kolega
2. Idziemy do opery z _____.   rodzice
3. Helena mieszka razem z _____. miła koleżanka
4. Mam problemy z _____.   moje dzieci
5. Stefan jedzie do Polski z _____. Dorota Kowalska
6. Pracuję razem z _____.   Władysław i Ania
7. Mieszkamy razem z _____.   mój brat
8. Oni mają problem z _____.   nowy system komputerowy

7 Wie alt sind diese Personen?

1. Zosia   17   _Zosia ma siedemnaście lat._
2. Jurek i Zbyszek   13   _____
3. Moja mama   51   _____
4. Jego ojciec   65   _____
5. Pani Kowalska   34   _____
6. Twoja córka   6   _____
7. Bożena   48   _____

8. Marek 22 ....
9. Mój dziadek 89 ....
10. Nasza babcia 78 ....
11. A Pan/Pani ile ma lat? ....

8 Wie heißen die entsprechenden männlichen Substantive?

1. wnuczka .... 6. siostra ....
2. córka .... 7. mama ....
3. babcia .... 8. panna ....
4. ciocia .... 9. wdowa ....
5. żona .... 10. rozwódka ....

9 Wofür interessieren sich die Personen unten? Bilden Sie Sätze.

1. Małgosia interesuje się komputerami.
2. Marek ....
3. Irek i Jadwiga ....
4. Mirek ....
5. Ja ....
6. Ela ....
7. Piotrek i Tadek ....
8. Franek ....

10 Adjektiv oder Adverb? Unterstreichen Sie.

Moja (_bliska_/blisko) rodzina nie jest (duża/dużo). Ojciec jest (zdrowy/zdrowo), ale mama trochę choruje. Moja żona nie pracuje (zawodowa/zawodowo), (świetny/świetnie) gotuje i robi (wspaniałą/wspaniale) szarlotkę. Mamy dwoje dzieci. Nasz (mały/mało) syn chodzi do szkoły i uczy się (dobry/dobrze). Nasza (duża/dużo) córka jest bardzo (ładna/ładnie) i chce zostać modelką. Ja muszę (duży/dużo) pracować, bo chcemy kupić (drogi/drogo) samochód.

11 Adjektiv oder Adverb? Ergänzen Sie.

1. długi / długo

   Dzisiaj muszę _____ pracować.

   Ten formularz jest bardzo _____ .

2. dobry / dobrze

   To jest bardzo _____ restauracja.

   Ryszard mówi bardzo _____ po niemiecku.

3. specjalny / specjalnie

   _____ dla ciebie muszę kupić kilka nowych płyt.

   To jest _____ program dla studentów matematyki.

4. zły / źle

   Dzisiaj mam _____ dzień.

   _____ to robisz!

5. doskonały / doskonale

   Ilona chodzi do szkoły i uczy się _____ .

   Ten sernik jest _____ .

12 Ergänzen Sie.

kraj	m	f	język	Jestem...	
Polska	_Polak_			_Polakiem_	/
	Niemiec				/
		Austriaczka			/
			francuski		/

13 Beschreiben Sie eine Person aus Ihrer Familie.

_____

_____

_____

14 za, z oder – ? Ergänzen Sie.

1. Mięso jemy _____ nożem i _____ widelcem.
2. _____ naszym akademikiem jest supermarket.
3. Mieszkasz razem _____ rodzicami?
4. Dzisiaj jadę razem _____ Maćkiem _____ autobusem do Międzyzdrojów.
5. Christian ma problemy _____ polską gramatyką.
6. _____ kim idziesz na imieniny do Edyty?
7. _____ domem jest garaż.

15 Wie heißt das auf Polnisch?

1. Heute esse ich mit meinen Eltern Abendbrot.
   ....
2. Fahrt ihr mit euren Kindern nach Polen?
   ....
3. Mein Onkel ist ein sehr guter Arzt.
   ....
4. Krystian und Jarek interessieren sich für den Umweltschutz.
   ....
5. Urszula interessiert sich für europäische Politik.
   ....
6. Hast du eine große Familie?
   ....
7. Fährst du mit Miłosz und Renata nach Krakau?
   ....
8. Vor dem Theater gibt es einen (ist ein) Parkplatz.
   ....
9. Mit wem möchtest du arbeiten?
   ....
10. Kamil ist Alexandras Freund.
    ....
11. Leider habe ich keine Geschwister.
    ....
12. Wir wohnen mit meinem Großvater zusammen.
    ....
13. Herr Bronkowski ist Geschäftsführer (Direktor) einer großen Computerfirma.
    ....

9 Jaka praca, taka płaca

1 Hören Sie und sprechen Sie nach.

1. Panna Zuzanna codziennie pije mokkę.
2. Przed domem jest duży parking.
3. Bezrobotny księgowy szuka pracy w biurze ubezpieczeniowym.
4. Dziennikarka Anna Jagiełło pracuje w „Dzienniku Olsztyńskim".

2 Was für ein Beruf wird beschrieben? Notieren Sie.

1. sprząta biura, mieszkania, hotele ....
2. pracuje w szpitalu, ale nie jest lekarzem ....
3. jest asystentką szefa ....
4. projektuje portale internetowe ....
5. pracuje w sklepie ....
6. pracuje w restauracji ....

3 Hören Sie: Was sind Zbyszek und Anna von Beruf?

Zbyszek jest ....
Anna jest ....

4 Ergänzen Sie die Pluralformen.

1. (Kierowca musi) .... pracować czasem nawet 10 godzin dziennie.
2. (Informatyk pracuje) .... w firmie komputerowej.
3. (Pracownik sezonowy) .... (pracuje) .... tylko kilka miesięcy w roku.
4. (Urzędnik może) .... pracować w banku albo w biurze.
5. (Architekt projektuje) .... domy.
6. (Dyrektor zarabia) .... dużo pieniędzy.

54   pięćdziesiąt cztery

5 Ergänzen Sie die passenden Formen von *szukać*.

1. Czego (ty) _____? Mojego telefonu komórkowego.
2. Jurek i Zygmunt od dwóch lat _____ pracy.
3. Ja codziennie _____ kluczy.
4. (My) już 15 minut _____ parkingu.
5. Firma komputerowa _____ kandydata na stanowisko dyrektora.
6. Dlaczego wy nie _____ wolnych miejsc?

6 Ergänzen Sie.

> ◦ doświadczenie ◦ pracować ◦ język ◦ handlowcem ◦
> ◦ pracy ◦ wykształcenie ◦ na pół etatu ◦

Dariusz Konopka jest _____ i od roku szuka _____. Dariusz zna _____ francuski i niemiecki, ma _____ średnie i _____ zawodowe (5 lat). Dariusz chciałby _____ w Warszawie. Dziewczyna Dariusza, Dominika, szuka pracy _____ w Mińsku Mazowieckim.

7 Ergänzen Sie die entsprechenden Adjektive.

1. Reprezentant firmy handlowej szuka sali (konferencja) *konferencyjnej*.
2. Pan Wolski jest inżynierem (budowa) _____.
3. Ta rozmowa (telefon) _____ jest bardzo długa.
4. Od sekretarki wymagamy znajomości pracy (biuro) _____.
5. Ta fabryka produkuje artykuły (szkoła) _____.
6. Bartek chciałby pojechać do Niemiec na szkolenie (zawód) _____.
7. Informacje o naszej firmie można znaleźć na stronie (internet) _____.
8. Czy wasz nowy system (komputer) _____ już działa?

8 Ergänzen Sie die Ordnungszahlen.

1. Arkadiusz jest już (4) _____ miesiąc bez pracy.
2. To już mój (10) _____ list motywacyjny.
3. (2) _____ żona Krzyśka jest księgową.
4. Jutro mam (5) _____ rozmowę kwalifikacyjną, tym razem w supermarkecie.
5. To jest nasz (1) _____ kurs komputerowy.
6. (2) _____ mąż Maryny jest dyrektorem banku w Płocku.
7. Ten (3) _____ kandydat na stanowisko kierownika działu personalnego ma duże szanse.
8. Czy to jest wasza (1) _____ wycieczka zagraniczna?

9 Ergänzen Sie die Zeitangabe und die passende Verbform.

Pan Kozicki jest szefem biura maklerskiego. Codziennie rano o godzinie (7:30) _wpół do ósmej_ (jeść) _____ śniadanie, a potem (iść) _____ do pracy. O godzinie (10:00) _____ ma zawsze konferencję. Obiad (jeść) _____ czasem o (12:15) _____, a czasem o (12:45) _____. Po południu, o (16:20) _____, pan Kozicki (pić) _____ mocną kawę, a o (18:30) _____ (iść) _____ do domu.

10 Was gehört zusammen? Verbinden Sie die Satzteile.

1. Prosimy o przesłanie zdjęcia,
2. Chciałbym się z Panią spotkać
3. Drugie śniadanie jem zawsze
4. Jerzy bardzo chciałby mieć
5. Umiejętność obsługi komputera
6. Centrum Języków Obcych poszukuje

a. dzisiaj wieczorem o 19:00.
b. służbowy samochód.
c. listu motywacyjnego i CV na adres firmy.
d. o 9:30 w barze mlecznym.
e. nauczyciela języka francuskiego.
f. jest bardzo ważna.

11 Wie ist die Reihenfolge des Dialogs?

○ Dobry wieczór. Chciałabym rozmawiać z panią Piotrowską.
○ Moje nazwisko Borek.
○ Księgarnia „Twoja książka", słucham?
○ Niestety pani Piotrowskiej nie ma. A kto mówi?
○ Ach, pani Borek. Proszę zadzwonić po godzinie 18 (osiemnastej).

12

po, o, na oder *w*? Ergänzen Sie.

Tomasz mieszka .... Białowieży i pracuje .... szpitalu. Tomek ma dużo kolegów .... Niemczech. Właśnie teraz Tomek jest .... urlopie .... Alpach. .... urlopie .... maju, Tomasz chciałby pojechać do Warszawy na szkolenie i już teraz cały czas rozmawia .... tym z kolegami.

13

Ergänzen Sie den Dialog.

Sekretärin:

O Bank „Twoje Konto", słucham?

O Kto mówi?

O Niestety pana kierownika nie ma. Czy coś przekazać?

O Oczywiście, ale proszę podać numer telefonu, to pan kierownik na pewno oddzwoni do pana.

O Do widzenia.

Sie:

♦ Sie verlangen Herrn Adamczyk.

♦ Sie stellen sich vor.

♦ Sie verneinen, bedanken sich und fragen, ob Sie später anrufen können.

♦ Sie diktieren Ihre Telefonnummer, bedanken und verabschieden sich.

14

Sie fahren in den Urlaub. Informieren Sie Ihre Mitarbeiter in Polen per E-Mail.

Szanowni

15 Welche Endungen hat die Pluralform der Substantive? Ordnen Sie zu.

> ▪ sprzedawca ▪ celnik ▪ policjant ▪ pan ▪ Anglik ▪ mąż ▪ kawaler ▪ kelner ▪
> ▪ kierowca ▪ Polak ▪ lekarz ▪ nauczyciel ▪ Niemiec ▪ inżynier ▪ ojciec ▪ student ▪
> ▪ konsultant ▪ dziennikarz ▪ urzędnik ▪ dyrektor ▪ recepcjonista ▪ informatyk ▪

-y	-owie	-i	-e
sprzedawcy			

16 Schreiben Sie die unterstrichenen Satzteile im Plural.

1. Mój brat szuka pracy w Rzeszowie.

2. Jaki człowiek może tu mieszkać?

3. Czyj to jest kolega?

4. Tamten Anglik mówi dobrze po polsku.

5. Czy wasz syn już pracuje?

6. Ten chłopak nic nie rozumie.

17 Wie heißt das auf Polnisch?

1. Es ist heutzutage sehr schwierig, eine interessante Arbeit zu finden.

   ....

2. Um wie viel Uhr hast du das Vorstellungsgespräch?

   .... ?

3. Magst du deinen Beruf?

   .... ?

4. Wir haben Probleme mit den neuen Computerprogrammen.

   ....

5. Darf ich etwas ausrichten?

   ....

6. Katarzyna ist arbeitslos und sucht Arbeit.

   ....

7. Frau Ziomek ist Sekretärin, spricht einige Fremdsprachen und hat lange Berufserfahrung.

   ....

8. Waldek arbeitet in einer Autofabrik in Bielsko.

   ....

9. Wann können wir uns treffen?

   .... ?

10. In der Bank arbeiten viele Angestellte.

    ....

11. Morgen um 10:00 Uhr habe ich eine wichtige Besprechung.

    ....

12. Bitte rufen Sie später an, aber nicht nach 12:00 Uhr.

    ....

13. Worum geht es?

    .... ?

14. Mit wem spreche ich?

    .... ?

15. Bitte geben Sie mir noch einmal Ihre Telefonnummer.

    ....

Powtórka 3

1 Ergänzen Sie das Gedicht.

Europa

Ludzie

Anglicy, Francuzi, Austriacy, ... , ...

Ludzie

Ludzie, kochają, mówią, ... , ...

Ludzie.

2 Ergänzen Sie die Verwandtschaftsbezeichnungen.

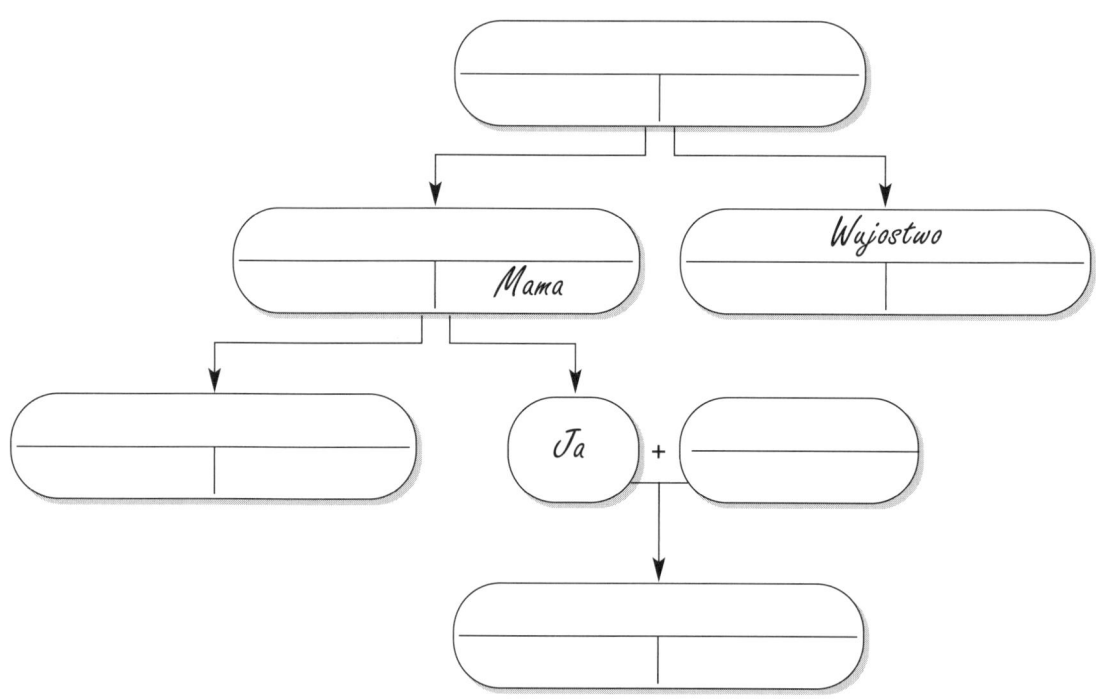

3 Ergänzen Sie.

Justyna, 22 *lata*, studiuje (informatyka) _____, interesuje się (siatkówka) _____, mieszka w (akademik) _____ razem z (jedna koleżanka) _____. ①

Mirosław, 44 _____, żonaty, (2) _____ dzieci, pracuje w (fabryka samochodów) _____ w (Gliwice) _____. Urlop lubi spędzać razem z (rodzina) _____, w (Tatry) _____ albo w (Beskidy) _____. ②

Sabina, 11 _____, mieszka w (Suwałki) _____. Chciałaby zostać (nauczycielka) _____ (język polski) _____. Nie lubi (matematyka) _____. ③

Przemek ma 23 _____ i jest (student) _____ medycyny. Akurat ma praktykę w (szpital) _____ w (Jelenia Góra) _____. Przemek interesuje się (nowoczesne systemy komputerowe) _____. ④

4 Wie heißt der Sammelbegriff?

1. urzędnik, sekretarka, policjant, piekarz — *zawody*
2. bułki, chleb, rogaliki, ciastka — _____
3. dwa, zero, osiem, trzydzieści — _____
4. rodzice, dzieci, babcia, dziadek — _____
5. kilim, drewniany talerz, kryształowy wazon, bursztyn — *polskie*
6. kotlety, polędwica, kurczak, pieczeń wieprzowa — _____
7. truskawki, czereśnie, jabłka, jagody — _____
8. czerwony, czarny, biały, zielony — _____

5 Was passt nicht in die Reihe? Streichen Sie jeweils einen Begriff.

1. godzina – minuta – niedziela – sekunda
2. policjant – dziadek – architekt – dziennikarz
3. szpital – biuro – szkoła – urlop
4. aktywny – angielski – polski – niemiecki
5. rajstopy – pończochy – kurtka – skarpetki
6. czwarty – pierwszy – dwadzieścia – drugi
7. zapałki – mydło – szampon – pasta do zębów
8. książki – słodycze – gazety – czasopisma
9. prawo jazdy – kierowca – samochód – zebranie
10. spotkanie – dziewczyna – praca – chłopak

6 Bilden Sie Sätze.

1. Ten mleczny bar – zjeść – bardzo dobre naleśniki / tamta restauracja – doskonały bigos
   W tym barze mlecznym można zjeść bardzo dobre naleśniki, a w tamtej restauracji doskonały bigos .

2. Ten supermarket – kupić – tanie słodycze / tamta piekarnia – świeże pieczywo.
   ....

3. Ten kiosk – kupić – widokówki / tamta księgarnia – mapę Polski.
   ....

4. Ta apteka – kupić – kosmetyki / tamten sklep – coś do jedzenia.
   ....

5. Ta firma komputerowa – pracować na pół etatu / ten bank – niestety nie.
   ....

7 Was gehört zusammen? Verbinden Sie die Fragen mit den Antworten.

1. O czym rozmawiacie?   a. W Poznaniu.
2. Gdzie lubisz spędzać urlop?   b. W niedzielę po południu.
3. Kiedy możemy się spotkać?   c. Tak, bo moja mama jest Polką.
4. Gdzie mieszkają twoi znajomi?   d. Biały i żółty.
5. Jakie kolory lubisz?   e. Nad polskim morzem.
6. Czy dobrze znasz język polski?   f. Rozmawiamy o mojej nowej pracy.

8. Kreuzworträtsel. Wie heißt das Gold der Ostsee?

1. pracuje w laboratorium
2. tam pracuje sekretarka
3. tam można kupić książki
4. tam można kupić prawie wszystko
5. 60 minut
6. do zębów, możesz kupić w kiosku
7. ma siedem dni
8. tam można kupić pieczywo

9. Ergänzen Sie die passende Verbform.

1. Alex chciałby (pracować) _____ w polskiej firmie, ale niestety on nie (znać) _____ języka polskiego.
2. Piekarnia w Płońsku (zatrudnić) _____ od zaraz piekarzy i sprzedawcę.
3. Karolina (rozmawiać) _____ w domu z dziećmi po polsku, a z mężem po niemiecku.
4. Ty naprawdę (mówić) _____ doskonale po angielsku!
5. Jadzia i jej siostra (studiować) _____ w Gdańsku, ale (mieszkać) _____ w Pucku.
6. Od tygodni (my) (szukać) _____ kandydata na stanowisko kierownika działu personalnego.
7. (Ja) (szukać) _____ interesującej pamiątki z Polski.

10. Formulieren Sie jeweils eine Bitte.

1. Sie möchten etwas anschauen. *Proszę mi to pokazać.*
2. Sie möchten, dass Ihnen jemand die Zeitung gibt. _____
3. Sie möchten, dass jemand später anruft. _____
4. Sie möchten, dass jemand eine Einkaufsliste macht. _____
5. Sie möchten, dass jemand hier wartet. _____

11 Ergänzen Sie das Telefongespräch.

○ ....?

◆ Dzień dobry, tu mówi Jurek. .... rozmawiać .... Jolą.

○ Niestety Joli nie .... w domu.

◆ Mogę .... później?

○ Oczywiście.

◆ Kiedy?

○ .... dziesiątej, ale .... dwunastą.

◆ Dziękuję.

12 Ergänzen Sie die E-Mail.

▫ pracuję ▫ szanowny ▫ język ▫ w ▫ firmie ▫ niemiecki ▫ z poważaniem ▫

.... Panie Rzepka!

Jestem sekretarką i .... w firmie ubezpieczeniowej .... Berlinie.

Znam dobrze .... polski, ..., angielski i francuski. Chciałabym

pracować w Państwa .... od 1 maja. Proszę o odpowiedź.

....

Elżbieta Simmer

13 Ergänzen Sie.

1. Barbara chciałaby kupić coś z *bursztynu*. Może ten *bursztynowy* naszyjnik?

2. Miłosz ma bardzo dużą *rodzinę*. Zobacz, to jego .... album ze zdjęciami.

3. Muszę poszukać informacji o tej firmie w *Internecie*. Masz adres .... tej firmy?

4. Gdzie jest *poczta*? Muszę kupić kilka znaczków ....

5. Jestem architektem i bardzo lubię mój *zawód*. Mam też długie doświadczenie ....
   Już 11 lat pracuję w tym zawodzie.

6. Tamten sklep oferuje piękne pamiątki z *bursztynu*. Na prezent dla mojego ojca kupię

   .... szachy.

7. Wiesz jakie *kwalifikacje* ma kandydat na to stanowisko? Nie, nie wiem. Rozmowa

   .... jest o godzinie 10:00.

14 Ergänzen Sie das Gegenteil.

1. Zbyszek jest *kawalerem*. Piotrek jest *żonaty* i ma troje dzieci.
2. Dzisiaj jest bardzo *trudno* znaleźć dobrą pracę. Zrobić prawo jazdy jest ....
3. Wojtek mówi bardzo *źle* po francusku. Marysia mówi .... po niemiecku.
4. Ten *ciemny* sweter jest za ciasny. Tamta .... kurtka jest bardzo ładna.
5. Ta sałatka jarzynowa jest *z* majonezem. Ten bigos jest .... cebuli.

15 Wie heißt das auf Polnisch?

1. Meine Kinder interessieren sich für Fremdsprachen.
....

2. Bitte rufen Sie später an.
....

3. Der Direktor spricht gerade mit den Arbeitern.
....

4. Edyta ist immer sehr beschäftigt.
....

5. Mit wem spricht Jurek? Mit Frau Kwiatkowski.
....

6. Unsere Firma will ab sofort zwei Buchhalterinnen einstellen.
....

7. Kinga und Natalia möchten sich am Freitag in einem französischen Restaurant treffen.
....

8. Diese Jungen interessieren sich für Computer.
....

9. Ich habe eine sehr gute Nachricht für dich.
....

10. Ich suche eine schwarze Jacke in Größe 40.
....

11. Am Montag fahre ich mit dem Bus in die Arbeit.
....

12. Ist deine Frau berufstätig?
.... ?

13. Dieser Kandidat hat eine gute Ausbildung und Berufserfahrung.
....

16 Was sagen Sie, wenn Sie …

1. ein Wörterbuch haben möchten?

   ....

2. eine Jacke anprobieren möchten?

   ....

3. wenn Sie die Verkäuferin bitten, Ihnen etwas zu zeigen?

   ....

4. sagen, dass es keine Milch gibt?

   ....

5. jemanden höflich bitten, etwas zu tun, z. B. anzurufen?

   ....

6. sich nach dem Alter erkundigen?

   ....

7. Ihr Alter nennen?

   ....

8. jemanden fragen, was er beruflich macht?

   ....

9. Ihren Familienstand und Ihre Nationalität angeben?

   ....

10. nach der Uhrzeit fragen und eine Uhrzeit (17:45 Uhr) angeben?

    ....

11. sich am Telefon melden?

    ....

12. nach jemandem am Telefon verlangen?

    ....

10 Boli mnie głowa

1 Was passt zusammen? Verbinden Sie.

1. Usta   a. może być mały albo duży.
2. Nos   b. mogą być zielone.
3. Oczy   c. mogą być jasne albo ciemne.
4. Zęby   d. są czerwone.
5. Włosy   e. są białe.

2 Wie heißt der Plural?

noga ....   oko ....

palec ....   ucho ....

stopa ....   ręka ....

włos ....   ząb ....

udo ....   pierś ....

3 Kleidungsstücke und Körperteile. Ergänzen Sie.

■ głowa ■ ręce ■ nogi ■ szyja ■ nogi ■ szyja ■ stopy ■ szyja ■ stopy ■

czapka   *głowa*   naszyjnik ....
szalik   ....   dżinsy   ....
skarpetki ....   krawat   ....
spodnie   ....   buty   ....
rękawiczki ....

4 Komparativ. Ergänzen Sie.

1. Pan Woźniak ma dużo pieniędzy, ale chce mieć jeszcze *więcej* .
2. Szpital jest daleko, ale ośrodek zdrowia jest jeszcze ....
3. Janek chodzi często do kina, ale Zdzisiek chodzi jeszcze ....
4. Iwona je bardzo mało, bo się odchudza, ale Dorota je jeszcze ....
5. Mówię dobrze po angielsku, ale .... po francusku.
6. Pani Krysia ma tylko jedno dziecko, ale chciałaby mieć .... dzieci.
7. Ten pacjent czuje się dzisiaj źle, ale tamten czuje się jeszcze ....

5 Superlativ. Ergänzen Sie.

1. szpital – mały: *najmniejszy szpital*
2. pacjent – chory:
3. rodzaj sportu – korzystny:
4. włosy – długi:
5. dziewczyna – wysportowany:
6. tryb życia – zdrowy:
7. osoba – ważny:
8. oczy - ładny:
9. samochód – drogi:

6 Ergänzen Sie den Komparativ und den Superlativ.

1. To lekarstwo jest *dobre*, ale tamto lekarstwo jest *lepsze*, a *najlepszy* jest ten antybiotyk.
2. Mój pokój jest *duży*, ale twój pokój jest ...., a .... jest jego pokój.
3. Te rękawiczki są *ciepłe*, tamte rękawiczki są ...., ale .... są te czerwone rękawiczki.
4. Jej rower jest *drogi*, twój rower jest ...., ale .... jest mój rower.
5. Wrocław jest *ładny*, Warszawa jest ...., ale .... jest Kraków.
6. Język angielski jest *trudny*, język niemiecki jest ...., ale .... jest język polski.
7. Ta książka jest *interesująca*, ale ten album o Warszawie jest ...., a .... jest tamten album o Krakowie.

7 Sie haben Grippe. Welche Beschwerden haben Sie?

Boli mnie

8 Achtung Allergie! Formulieren Sie Sätze.

1. ja – banany   *Jestem uczulony/a na banany* .
2. ty – ten antybiotyk .... ?
3. Ewa – grzyby ....
4. moje dzieci – penicylina ....
5. ja – czekolada ....
6. Krzysztof – cebula ....
7. Dorota – ten kosmetyk ....

9 Hören Sie. Bei welchem Arzt sind die Patienten? Was tut ihnen weh?

(23)

Andrzej jest u .... Andrzeja boli ....
Jadwiga jest u .... Jadwigę ....

10 *boleć* + Akkusativ. Ergänzen Sie.

Chora rodzina

Małgosia: Dzień dobry, jak się czujesz?
Zbyszek: Źle, bardzo źle. *Boli   mnie* serce i żołądek. A co z twoimi oczami, czy dzisiaj znowu .... oczy?
Małgosia: Tak, niestety. Muszę wziąć lekarstwo. A gdzie jest Magda?
Zbyszek: Magda nie może iść dzisiaj do szkoły, bo .... zęby. A ty jak się dziś czujesz?
Małgosia: Oj niedobrze. Bardzo .... głowa. A co z Tadkiem? Jeszcze śpi?
Zbyszek: Nie, Tadek musi iść do lekarza, bo .... plecy.

11 Ergänzen Sie.   ▫ grypa ▫ co ▫ wszystko ▫ przeziębiona ▫

♦ Dzień dobry!
○ Dzień dobry, ... pani dolega?
♦ Jestem .... Od dwóch dni .... mnie boli. Mam też gorączkę.
○ Ile?
♦ Wieczorem nawet 39,2°C.
○ To dużo. Zobaczymy, czy to nie jest .... Proszę się rozebrać. No, rzeczywiście. Muszę pani przepisać antybiotyk.

12 Schreiben Sie die Imperativformen im Singular bzw. im Plural.

1. Chodź do mnie! — *Chodźcie do mnie!*
2. Jedźcie do Gdańska! — *Jedź do Gdańska!*
3. Idź do domu!
4. Czekajcie tu na nas!
5. Nie jedz tego!
6. Zrób dobrą kolację!
7. Weźcie ciepłe rękawiczki!
8. Połóż się do łóżka!
9. Przyjedźcie do nas!

13 Bilden Sie Sätze mit dem Imperativ.

1. Spać – (ty) – dobrze
2. Napić się – (my) – wina
3. Zobaczyć – (wy) – nasze zdjęcia
4. Proszę – pokazać – (ty) – mi – twoje mieszkanie
5. Porozmawiać – (my) – trochę o tobie
6. Wpadnąć – (wy) – do nas na kawę

14 Bilden Sie zwei Imperativformen.

1. spokojnie oddychać — *Oddychaj spokojnie!* — *Proszę spokojnie oddychać.*
2. to wypić
3. tu przyjść
4. mało jeść
5. dużo pić
6. nam pomóc

15 Besuch im Krankenhaus. Hören Sie und ergänzen Sie.

♦ Dzień dobry, można?
○ _____ oczywiście, proszę.
♦ Jak się dzisiaj _____ ?
○ Dużo _____ . Już nie mam _____ .

♦ To świetnie. Tu masz wodę _____ i _____ jabłkowy.

   Chcesz coś _____?

O Nie, dziękuję.

16 Ergänzen Sie die Personalpronomen.

1. Czekamy na __*was*__.   wy
2. On _____ bardzo kocha.   ona
3. Ja _____ nie lubię.   on
4. Gdzie jest Kasia? – Nie wiem. Tu _____ nie ma.   ona
5. Czekam na _____ już od godziny.   ty
6. Kochasz _____?   ona
7. Te kwiaty są dla _____.   wy
8. Dlaczego _____ nie lubisz?   oni
9. Ta recepta jest dla _____?   ja
10. Niestety nie mogę na _____ dłużej czekać.   ty
11. Nie wiem dlaczego oni _____ nie lubią.   my

17 Ergänzen Sie.

▫ mam ▫ lekarstwo ▫ weekend ▫ się ▫ ona ▫ niedzieli ▫ czas ▫
▫ czwartek ▫ kaszlę ▫ początek ▫ wtorek ▫ jutro ▫ zdrowy ▫

„Uniwersalne _____"

Od _____ do soboty

nie _____ chęci do roboty.

Poniedziałek – źle _____ czuję,

brzuch mnie boli, w boku kłuje.

_____, środa, _____, piątek

może to grypy _____?

Wszystko boli, _____, kicham,

czy ja w ogóle oddycham?

Ale _____ już sobota

_____ czeka – ma Dorota!

Czeka _____, góry, las.

Jestem _____, akurat na _____!

18 Kreuzworträtsel

Waagerecht:

1. jak bolą, to musisz iść do dentysty
2. jest na coś uczulony
3. mają dużo witamin i są bardzo zdrowe
4. jest ich pięć na jednej ręce
5. jak jest zimno, to masz czerwony...
6. o to musisz dbać, jak chcesz długo żyć
7. bardzo ważny dla zdrowia
8. Tatry, Alpy, Beskidy
9. stopa, kolano, udo
10. musisz iść z tym do apteki, to dostaniesz lekarstwo

Senkrecht:

11. uszy, oczy, usta, nos, włosy
12. chory pan w szpitalu
13. grasz nimi na pianinie
14. nie jedzą mięsa
15. w nim śpisz
16. boli cię, jak za dużo zjesz
17. wszystko cię boli, masz katar, kaszel i gorączkę
18. mocne lekarstwo
19. na niej głowa
20. numer telefonu 999

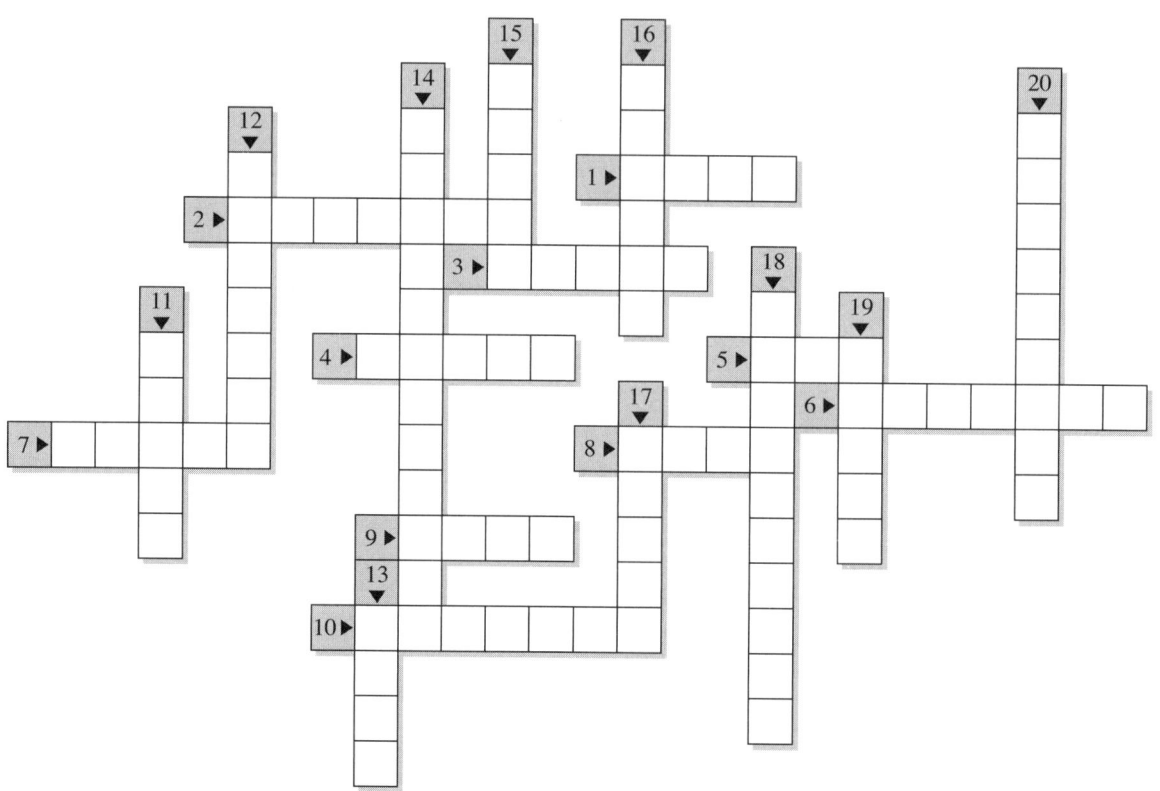

19 Wie heißt das auf Polnisch?

1. Ich gehe nicht gern zum Zahnarzt.
   ....

2. Vegetarier essen kein Fleisch.
   ....

3. Welche Sportart gefällt dir am besten?
   .... ?

4. Kannst du morgen vorbeikommen?
   .... ?

5. Wir haben eine gute Nachricht für euch.
   ....

6. Hast du oft Kopfschmerzen?
   .... ?

7. Ich wünsche dir gute Besserung.
   ....

8. Sind diese Medikamente für mich?
   .... ?

9. Rysiek ist erkältet. Er hustet, hat Schnupfen und niest immer.
   ....

10. Helena sieht schlecht. Sie muss zum Augenarzt gehen.
    ....

11. Jacek hat Magenschmerzen. Das kann eine Lebensmittelvergiftung sein.
    ....

11 W podróży

1 Ergänzen Sie.

> ▫ pociąg ▫ rowerem ▫ samolot ▫ taksówek ▫ kolejowym ▫ tramwaj ▫

1. Najszybszy środek lokomocji to ....
2. Na dworcu .... jest zawsze dużo pociągów i oczywiście dużo ludzi.
3. W mieście najtańszym środkiem lokomocji jest ....
4. Przepraszam, gdzie jest postój ....?
5. W Niemczech dzieci często jeżdżą do szkoły ....
6. Czy ten .... jedzie do Jeleniej Góry?

2 *iść* oder *chodzić*? Setzen Sie die passende Verbform ein.

1. Jak często (ty) *chodzisz* do lekarza?
2. Dlaczego musisz już .... do domu?
3. Niestety, teraz nie możemy .... do kina.
4. Czy twoja córka .... już do szkoły?
5. Moja ciocia .... co tydzień do teatru.
6. Dlaczego ty zawsze tak szybko ....?
7. Cześć Irena! Dokąd ....?
8. Lubisz .... do restauracji?
9. Zobacz, tam .... Janek.
10. Moja babcia jest bardzo chora i dlatego nie może szybko ....
11. Ja .... codziennie na kurs polskiego.

3 Ergänzen Sie die Verben.

Pani Agata .... wszędzie pieszo. Dzisiaj na przykład musi .... na zakupy i do lekarza. Jej syn Roman .... do szkoły na rowerze, ale jej córka musi .... codziennie autobusem. Mąż pani Agaty nie lubi .... pieszo i dlatego .... do pracy samochodem.

4 *jechać / pojechać / jeździć* oder *lecieć / polecieć / latać*? Ergänzen Sie die passende Verbform.

1. Jutro muszę .... do Częstochowy.
2. My zawsze .... samolotem do Warszawy.
3. Dokąd on teraz ....?
4. Chcielibyśmy .... samolotem do Monachium.
5. Czym (wy) zawsze .... do Polski?
6. Natalia nie może .... samolotem.
7. Chciałabym .... całymi dniami balonem.
8. Zobacz, tam .... helikopter!
9. Umiesz .... na nartach?

5 Am Informationsschalter im Bahnhof. Ergänzen Sie.

peronu ■ przesiadki ■ pociąg ■ miejscówkę

○ O której godzinie odjeżdża .... ekspresowy do Gdańska?
◆ O 17:00.
○ Bez ....?
◆ Tak.
○ Muszę wykupić ....?
◆ Tak.
○ A z którego .... odjeżdża ten pociąg?
◆ Z pierwszego.
○ Dziękuję.

6 Was kann man auf dem Bahnhof machen? Schreiben Sie.

Na dworcu można czekać na pociąg,

7 Bilden Sie Sätze.

1. ▪ MOJEJ ▪ NIGDZIE ▪ ZNALEŹĆ ▪ ZIELONEJ KARTY ▪ NIE MOGĘ ▪

....

2. ▪ PANI ▪ REJESTRACYJNY ▪ MA ▪ DOWÓD ▪ CZY ▪

....?

3. ▪ MA ▪ SPRAWY ▪ NIE ▪

....

4. ▪ SZYBKO ▪ NIE ▪ TU ▪ TAK ▪ WOLNO ▪ JECHAĆ ▪

....

5. ▪ ZAPŁACIĆ ▪ DLACZEGO ▪ MANDAT ▪ MUSZĘ ▪

....?

6. ▪ Z ▪ PAŃSTWO ▪ MUSICIE ▪ POWROTEM ▪ JECHAĆ ▪

....

7. ▪ DOBRZE ▪ NOWEGO TARGU ▪ JADĘ ▪ DO ▪ PRZEPRASZAM ▪

....?

8 Hören Sie. Wie soll Michael fahren?

Michael musi najpierw ....,

a potem ....

9 Was machen die Personen jetzt? Was müssen sie machen? Bilden Sie Sätze.

Pan Góralczyk jedzie taksówką.
Pan Góralczyk musi jechać taksówką.

Pani Ewa ....

Pani Ewa musi ....

Agnieszka i Kamila ....
Agnieszka i Kamila ....

Pan Jerzy ....
Pan Jerzy ....

10 Vollendet oder unvollendet? Ergänzen Sie die passende Verbform (Präsens).

1. Mechanik _wymienia_ teraz klocki hamulcowe. — *wymieniać ▪ wymienić*
2. „Marek, co ty teraz ....?" – „Sprzątam." — *robić ▪ zrobić*
3. Akurat .... obiad. — *jeść ▪ zjeść*
4. Andrzej zawsze .... wszystkie rachunki. — *płacić ▪ zapłacić*
5. Moja babcia co tydzień .... pierogi z kapustą. — *gotować ▪ ugotować*
6. Kasia zawsze .... dużo koleżanek na urodziny. — *zapraszać ▪ zaprosić*
7. Jestem śpiąca. Muszę się koniecznie .... — *kłaść ▪ położyć*
8. Umiesz .... ten formularz? — *wypełniać ▪ wypełnić*
9. Mogę tu ....? — *czekać ▪ poczekać*
10. Już dwie godziny .... mojego prawa jazdy. — *szukać ▪ poszukać*

11 Notieren Sie sechs Paare von vollendeten und unvollendeten Verben. Bilden Sie dann einen Beispielsatz je Verbpaar.

	vollendete Verben	unvollendete Verben	
	zwiększyć	*zwiększać*	*Opóźnienie pociągu może się zwiększyć.*
1.			
2.			
3.			
4.			
5.			
6.			

12 Hören Sie und notieren Sie die Zahlen.

a. .... f. ....
b. .... g. ....
c. .... h. ....
d. .... i. ....
e. .... j. ....

13 Kreuzworträtsel

1. Na dworcu
2. Tam jest dużo samolotów
3. Może być autobusowy, tramwajowy, do kina albo do teatru
4. 900 + 100 =
5. Jak jedziesz za szybko, to musisz zapłacić...
6. Może być drogowa albo na lotnisku

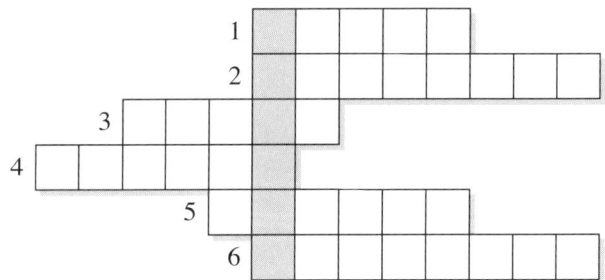

78   siedemdziesiąt osiem

14 Wie heißt das auf Polnisch?

1. Ist das der Zug nach Warschau?

   ....?

2. Ich muss jetzt fahren. Noch einmal danke für alles.

   ....

3. Wo ist die nächste Tankstelle?

   ....?

4. Wie schnell darf man hier fahren?

   ....?

5. Ich möchte nach Wejherowo fahren.

   ....

6. Mirek und Ola können keinen Parkplatz finden.

   ....

7. Unser Flugzeug hat dreißig Minuten Verspätung.

   ....

8. Ist das der Expresszug nach Posen?

   ....?

9. Andrzej ist immer pünktlich.

   ....

10. An der ersten Kreuzung müssen Sie nach links abbiegen.

    ....

11. Agata fährt täglich mit der U-Bahn zur Arbeit.

    ....

12. Möchten Sie eine Platzkarte am Fenster?

    ....?

13. Wann fährt der Bus nach Kielce ab?

    ....?

14. Um wie viel Uhr fährt der Zug nach Rzeszów ab?

    ....?

12 Nareszcie wakacje!

1 Was gehört zusammen? Verbinden Sie.

1. Na Mazurach można przede wszystkim
2. We Wrocławiu warto zwiedzić
3. Polacy bardzo chętnie spędzają wakacje
4. W Tatrach znajduje się dużo pięknych
5. Na Wybrzeżu Bałtyckim są piękne, czyste plaże,

a. górskich jezior i wodospadów.
b. żeglować i łowić ryby.
c. ratusz i stare kościoły.
d. nad Bałtykiem, na przykład w Łebie.
e. ale woda w morzu jest trochę zimna.

2 Ergänzen Sie.

> ▪ Kultury ▪ kolumna ▪ miastem ▪
> ▪ największym ▪ Park ▪ stolicę ▪ Krakowa ▪

Warszawa jest .... polskim .... W Warszawie można zwiedzić Stare Miasto, Zamek Królewski, Pałac .... i Nauki oraz .... Łazienkowski. Na Starym Mieście znajduje się .... króla Zygmunta, który przeniósł .... Polski z .... do Warszawy.

3 Was passt zusammen? Ordnen Sie zu.

> ▪ mazurskie ▪ targowa ▪ królewski ▪ ruchome ▪ rowerowa ▪ górskie ▪

wycieczka ....
hala ....
zamek ....
.... wydmy
.... jeziora
.... strumyki

4 Ergänzen Sie.

> ▪ była ▪ były ▪ byłeś ▪ byli ▪ byłaś ▪ byliśmy ▪

1. Marta, gdzie .... na wakacjach? – W Szwajcarii.
2. Mirek i Bartek .... dwa lata temu w Nowym Jorku.
3. W zeszłym roku (my – Adam z rodziną) .... na urlopie nad morzem.
4. Moja koleżanka .... wczoraj w Sukiennicach.
5. Marcin, kiedy .... na wycieczce w Tatrach? – W zeszłym tygodniu.
6. Przed południem Kasia i Ola .... na plaży.

5 Schreiben Sie die Sätze in der Vergangenheit.

1. Czy Zosia jest dzisiaj w domu?
   Czy Zosia była wczoraj w domu?
2. Gdzie są moje pieniądze?
3. Tam jest wolny stolik.
4. W górach jest bardzo gorąco.
5. Dlaczego jesteście niezadowoleni?
6. Mirosław jest na urlopie w Tatrach.
7. Tadeusz i Adam są na Mazurach.
8. Bożena i Ania są w parku.

6 Wer ist das? Schreiben Sie.

1. łowi ryby ....
2. jeździ na rowerze ....
3. pływa na żaglówce ....
4. zwiedza obce kraje ....
5. mieszkał w zamku ....
6. robi buty ....

> ▪ szewc ▪ wędkarz ▪
> ▪ żeglarz ▪ król ▪
> ▪ turysta ▪ rowerzysta ▪

7 Antek erzählt. Ergänzen Sie.

> postanowiłem ▪ widział ▪ widziałem ▪ zwiedziłem ▪ było ▪ widziała

Ja jeszcze nigdy nie .... prawdziwego smoka i dlatego ....
pojechać do Krakowa. .... dokładnie całe miasto, ale niestety smoka nigdzie nie
.... Szkoda. Może Pan/Pani go .... / .... ?

8 Ergänzen Sie.

Teresa opowiada co robiła wczoraj:

Wczoraj .... (*zwiedzać*) Kraków. Najbardziej .... (*podobać*) mi się
najstarszy polski uniwersytet – Uniwersytet Jagielloński. W Sukiennicach .... (*kupić*)
ładne polskie pamiątki. O godzinie 12 .... (*być*) na Rynku i ....
(*widzieć*) trębacza na wieży Kościoła Mariackiego, który .... (*grać*) hejnał.
Wieczorem .... (*wrócić*) do hotelu, zmęczona, ale bardzo zadowolona.

9 Bilden Sie kurze Dialoge.

1. Kamil: *Czy widziałaś* (*widzieć*) już niedźwiedzia w Tatrach?
   Małgosia: *Nie, ale widziałam* świstaki.

2. Jerzy: .... (*dostać*) już moją kartkę?
   Marian: ...., ... kartkę od Ani.

3. Paulina: .... (*zwiedzić*) już Wawel?
   Jolanta: ...., ... Wieliczkę.

4. Jarek: .... (*być*) już we Wrocławiu?
   Daniel: ...., ... w Warszawie.

5. Iwona: .... (*postanowić*) pojechać do Sopotu?
   Ewelina: ...., ... pojechać do Łeby.

6. Maria: .... (*widzieć*) już Pałac Kultury i Nauki?
   Heniek: ...., ... już Stare Miasto.

7. Maciej: .... (*spać*) kiedyś w namiocie?
   Monika: ...., ... w domku campingowym.

10 Mariola war im Urlaub am Meer und Bogusław war in den Bergen. Was haben sie gemacht?

1. ....
2. ....
3. ....
4. ....
5. ....

11 Ergänzen Sie die passende Verbform von *cieszyć się* (Präsens und Präteritum).

1. Moi rodzice bardzo *się cieszyli*, że mogli spędzić urlop w Bieszczadach.
2. Mój syn bardzo ...., że mógł was odwiedzić.
3. Dzieci zawsze ...., kiedy jadą na wycieczkę.
4. (Ja) ...., że nareszcie mogę to zrobić.
5. (My) ...., że możemy zobaczyć Mazury.
6. (Ty) ...., że pojedziesz do Polski?
7. Krystyna bardzo ...., że mogła zwiedzić Wieliczkę.

12 Vergangenheit. Ergänzen Sie die fehlenden Verbformen.

	chcieć	musieć	móc
ja	*chciałem / chciałam*		
ty		*musiałeś / musiałaś*	
on/ona/ono			
my			
wy			
oni/one			*mogli / mogły*

osiemdziesiąt trzy

13 Ergänzen Sie die Verbform (Vergangenheit).

1. W zeszłym roku Jurek _____ Warszawę.   *zwiedzić*
2. Grażyna trzy lata temu _____ nad morze.   *pojechać*
3. Tomek i Hania _____ wczoraj grzyby.   *zbierać*
4. Czy (wy - Zosia i Ewa) _____ już Kraków?   *zwiedzić*
5. Beata doskonale _____ w górach.   *wypocząć*
6. One właśnie _____ do domu.   *pojechać*
7. (Ja) Wczoraj cały dzień _____ na żaglówce.   *pływać*
8. Oni wspaniale _____ na urlopie.   *wypocząć*
9. Moja żona wczoraj cały czas _____ na plaży.   *leżeć*
10. Dwa lata temu (my – Darek i ja) _____ wakacje w Niemczech.   *spędzać*

14 Hören Sie. Wohin sind Wojtek und Grażyna in den Urlaub gefahren?

Wojtek pojechał _____
Grażyna _____

15 Urlaubspost. Ergänzen Sie mit den Verben in der Vergangenheit.

> ▪ jeść ▪ przyjechać ▪ robić ▪ być ▪ podobać się ▪ pływać ▪ spać ▪

Cześć Sławek!
Dzisiaj _____ do Augustowa.
To już ostatni dzień naszego spływu kajakowego po Czarnej Hańczy.
_____ fantastycznie! Codziennie
_____ pięć godzin.
_____ w domkach campingowych albo w namiotach. Obiady _____
w restauracjach, a śniadania i kolacje
_____ sami. Wszystko bardzo
nam _____ .
Do zobaczenia
Urszula i Maciek

Pan
Sławomir Kania
ul. Kolejowa 16

20-016 Lublin

16 Wie heißt das auf Polnisch?

1. Gute Reise und bis zum Wiedersehen im nächsten Jahr!
   ....!

2. Aleksander spielt gerne Volleyball.
   ....

3. Es lohnt sich sehr, das Königsschloss zu besichtigen.
   ....

4. Ich freue mich, dass ich zu euch kommen darf.
   ....

5. Was hast du gestern gemacht?
   ....?

6. Marian hat im Urlaub die ganze Zeit geangelt.
   ....

7. Wo hast du voriges Jahr die Ferien verbracht?
   ....?

8. Meine Eltern besichtigen gerne alte Kirchen.
   ....

9. Ich mag nicht segeln, aber ich schwimme gerne.
   ....

10. Vor drei Jahren haben wir einen Reitkurs gemacht.
    ....

11. Łukasz musste gestern nach Białowieża fahren.
    ....

12. Wir konnten Wieliczka nicht besichtigen, weil wir keine Zeit mehr hatten.
    ....

13. Wohin möchtet ihr nächstes Jahr in Urlaub fahren?
    ....?

Powtórka 4

1 Ergänzen Sie die Sätze mit Wörtern gleicher Bedeutung.

> ▪ tabletek ▪ do zobaczenia ▪ trzeba ▪ oraz ▪ sobotę i niedzielę ▪ chwileczkę ▪

1. *Do widzenia*, szczęśliwej podróży i .... za rok w Polsce!
2. Irek, nie wiesz gdzie są moje *pigułki*? – Nie, nigdzie nie widziałem twoich ....
3. Cieszę się na *weekend*, bo w .... i .... pojedziemy do Berlina.
4. *Momencik*, musi pani .... poczekać.
5. Na wakacjach zbierałam grzyby i wędrowałam po górach. Jak było gorąco, to pływałam żaglówką, kąpałam się w jeziorze .... pływałam na desce surfingowej.
6. Jak masz wysokie ciśnienie, to nie *należy* pić kawy i palić papierosów. Poza tym .... koniecznie uprawiać sport.

2 Was ist das?

1. na przykład aspiryna, penicylina   ....
2. gra w piłkę na przykład na plaży   ....
3. przyjazny dla środowiska środek lokomocji   ....
4. dużo wody, ale nie morze, na przykład na Mazurach ....
5. najważniejsze miasto w kraju   ....
6. jest tam dużo statków   ....
7. jest tam dużo drzew, grzybów   ....

3 Ergänzen Sie das Gegenteil.

1. Karolina była wczoraj *zdrowa*, ale dzisiaj jest ....
2. Jutro *przed południem* zwiedzimy Szczecin, a .... pojedziemy do Świnoujścia.
3. Który kawałek mięsa chcesz: ten *większy*, czy ten ....?
4. Dzisiaj ja czuję się trochę *lepiej*, ale za to Wiesiek czuje się ....
5. Ten *ciemniejszy* szalik bardziej mi się podoba niż ten ....
6. *Przyjazd* pociągu z Gdyni do Warszawy jest opóźniony o 10 minut. Planowy .... o godzinie 20:20.
7. Kto zna *odpowiedź* na to ....?

4
Ergänzen Sie Begriffe aus den Themenbereichen Körperteile und Urlaub, die sich auf die Wörter in der linken Spalte reimen.

1. Körperteile:

droga ....

włos ....

rano ....

woda ....

2. Urlaub:

pogoda *p.....................................*

łowić ryby *zbierać g.....................................*

Mazury *g.....................................*

zwiedzać stolicę *zwiedzać o.....................................*

5
Schreiben Sie passende Wörter zu jedem Begriff.

1. człowiek: *brzuch,* ....
2. wakacje: *namiot,* ....
3. samochód: *prawo jazdy,* ....
4. środki lokomocji: *rower,* ....
5. szpital: *chore osoby,* ....
6. lotnisko: *kontrola,* ....
7. dworzec: *peron,* ....
8. krajobraz: *góry,* ....

6
Ergänzen Sie.

> ▪ dużo ▪ kopalnię ▪ jest ▪ polskim ▪ Uniwersytet ▪ warto ▪

W Krakowie jest bardzo .... muzeów. Na rynku znajdują się Sukiennice, Kościół Mariacki i dużo miłych restauracji. .... zwiedzić Wawel i .... Jagielloński oraz Wieliczkę, starą .... soli niedaleko Krakowa. Kraków .... chyba najładniejszym .... miastem.

7 Was passt nicht in die Reihe? Streichen Sie jeweils einen Begriff.

1. morze – rzeka – jezioro – autostrada
2. kajak – taksówka – statek – żaglówka
3. laryngolog – mechanik – internista – okulista
4. pociąg – tramwaj – metro – samochód
5. kościół – kawiarnia – ogródek letni – bar
6. plaża – morze – słońce – peron
7. chodzić – zobaczyć – obserwować – widzieć
8. korzystny – chory – odpowiedni – prawidłowy
9. prawo jazdy – dowód rejestracyjny – zielona karta – album rodzinny
10. owoce – miejscówka – kasa biletowa – rozkład jazdy

8 Ergänzen Sie.

> ▫ opalać się ▫ spędzać ▫ wymienić ▫ grać ▫ wracać ▫ odwiedzić ▫
> ▫ zwiedzić ▫ chodzić ▫ żeglować ▫ boleć ▫ latać ▫ oddychać ▫

1. Jadzia wędrowała cały dzień po górach i teraz _____ ją nogi.
2. Kazik w zeszłym roku _____ po mazurskich jeziorach.
3. Proszę się rozebrać do pasa i spokojnie _____ .
4. Lubisz _____ w siatkówkę?
5. Nie mam samochodu i dlatego wszędzie _____ pieszo.
6. Pani Wiśniewska musi często _____ samolotem do Nowego Jorku.
7. Mariusz ma problemy z samochodem. Chyba trzeba _____ klocki hamulcowe.
8. W Krakowie chcemy _____ Wawel i kilka muzeów.
9. Kiedy musisz _____ do domu?
10. Jutro wieczorem chcę _____ chorego kolegę w szpitalu.
11. Moja dziewczyna może cały dzień _____ na plaży.
12. Gdzie najchętniej _____ wakacje?

9 Unvollendete oder vollendete Verben? Ordnen Sie zu und bilden Sie Paare.

> gotować ▪ brać ▪ poczekać ▪ zostawiać ▪ ugotować ▪ poszukać ▪
> parkować ▪ mówić ▪ zrobić ▪ jeść ▪ wziąć ▪ zagrać ▪
> zjeść ▪ pisać ▪ grać ▪ napisać ▪ szukać ▪ czekać ▪ zapłacić ▪
> płacić ▪ zaparkować ▪ zostawić ▪ robić ▪ powiedzieć

	unvollendet	*vollendet*		*unvollendet*	*vollendet*
1.			7.		
2.			8.		
3.			9.		
4.			10.		
5.			11.		
6.			12.		

10 Bilden Sie Sätze in der Vergangenheit.

1. ▪ NA ▪ WCZORAJ ▪ CZEKAĆ ▪ (JA) ▪ DZIEŃ ▪ CAŁY ▪ KOLEGĘ ▪ MOJEGO ▪
   Wczoraj cały dzień czekałem / czekałam na mojego kolegę.

2. ▪ W ▪ DZIEWCZYNA ▪ PONIEDZIAŁEK ▪ OBIAD ▪ GOTOWAĆ ▪ MOJA ▪
   ....

3. ▪ NAZYWAĆ SIĘ ▪ BABCIA ▪ MOJA ▪ KWIATKOWSKA ▪
   ....

4. ▪ WIECZORA ▪ PRACOWAĆ ▪ WE WTOREK ▪ DO ▪ ULA ▪
   ....

5. ▪ BYĆ ▪ MÓJ BILET ▪ GDZIE ▪
   ....?

6. ▪ MY ▪ WARSZAWIE ▪ W ▪ STUDIOWAĆ ▪
   ....

7. ▪ TO ▪ KOSZTOWAĆ ▪ DUŻO ▪ PIENIĘDZY ▪ LEKARSTWO ▪
   ....

8. ▪ LEŻEĆ ▪ SZPITALU ▪ W ▪ CIOCIA ▪ MOJA ▪ ROK ▪ CAŁY ▪
   ....

9. ▪ WAKACJE ▪ GDZIE ▪ SPĘDZIĆ ▪ TY ▪
   ....?

11 Ergänzen Sie die Personalpronomen in der richtigen Form.

1. Te kwiaty są naprawdę dla __mnie__? Bardzo dziękuję! — *ja*
2. Ten prezent jest dla _____. — *ty*
3. Dlaczego zawsze musimy na _____ czekać? — *wy*
4. Lubisz _____? — *ja*
5. Co _____ boli? — *ty*
6. Chciałabym _____ jutro odwiedzić. — *oni*
7. Bardzo _____ kocham. — *on*
8. Chcielibyśmy _____ nareszcie zobaczyć. — *ona*
9. Oni zaprosili _____ do restauracji. — *my*

12 Ergänzen Sie die passenden Personalpronomen.

> niego ▪ jej ▪ nich ▪ ciebie ▪ niej ▪ go ▪ ich ▪ ją ▪ je ▪ nią

1. Nie wiesz, gdzie jest Zosia? Wszędzie _____ szukam.
2. To są dzieci mojego brata. Bardzo _____ lubię.
3. Beata i Magda lubią owoce. Te banany są dla _____.
4. Moi rodzice mieszkają w Monachium. Często _____ odwiedzam.
5. Czy Hanka jest już w domu? – Nie, ja też na _____ czekam.
6. Czy to pani walizka? Proszę _____ tu zostawić.
7. Cześć Marta! Niestety nie mam teraz czasu. Jutro zadzwonię do _____.
8. Mój brat jest chory. Jutro muszę _____ odwiedzić.
9. Jurek nigdy nie jest punktualny. Zawsze trzeba na _____ czekać.
10. Kasia ma dzisiaj urodziny. Ta czekolada jest dla _____.

13 Ergänzen Sie die Superlativformen.

Warszawa jest (*duże*) _____ polskim miastem. (*wysoki*) _____ budynkiem w Warszawie jest Pałac Kultury i Nauki, a (*ładna*) _____ częścią Warszawy jest Stare Miasto. (*piękne*) _____ polskim miastem jest chyba Kraków, gdzie znajduje się (*stary*) _____ polski uniwersytet, Uniwersytet Jagielloński. (*długa*) _____ rzeką w Polsce jest Wisła, a (*wysokie*) _____ polskie góry to Tatry.

14 Bilden Sie den Komparativ und den Superlativ.

1. Kolacja u państwa Gawinów była bardzo *przyjemna* chociaż *przyjemniejszy* był wieczór u państwa Urbańskich, ale oczywiście *najprzyjemniejszy* wieczór spędziłem z tobą.
2. Wazon to bardzo *praktyczny* prezent, ale szalik jest chyba _____, jednak _____ są pieniądze.
3. „Czwartek to mój *zły* dzień." – „Tak?- dla mnie _____ jest wtorek, ale _____ jest poniedziałek."
4. Jacek chce *mały* kawałek ciasta, Jurek chce _____, a ja chciałabym tamten _____ kawałek ciasta.
5. Ten chleb jest bardzo *dobry*, a ten rogalik jest jeszcze _____, ale _____ jest ten tort.

15 Wortfamilien. Ergänzen Sie mit abgeleiteten Substantiven.

1. Sławek jest zawsze bardzo *spokojny*. On bardzo lubi *spokój*.
2. Na tym skrzyżowaniu trzeba bardzo *uważać*. _____! Samochód!
3. _____ i soki *owocowe* są bardzo zdrowe.
4. Bardzo *boli* mnie głowa. Na _____ głowy najlepsza jest mocna kawa.
5. Mirek ma dobrą _____, ale musi *pracować* od rana do wieczora.
6. Najważniejsze jest _____. Jak jesteś *zdrowy*, to wszystko jest w porządku.
7. Pan Wójcik jest _____ i ma gabinet *internistyczny*.
8. Stadnina _____ oferuje kursy jazdy *konnej*.
9. Muszę kupić mapę *drogową* Polski. Czy to jest _____ do Rzeszowa?
10. Dzisiaj mam bardzo dużo _____ w domu. Muszę posprzątać mieszkanie, *zrobić* porządek w garażu i ugotować obiad.

16 Wie heißt das auf Polnisch?

1. Wie oft gehst du zum Zahnarzt?
   ....?

2. Ich fühlte mich schlecht. Ich musste zum Arzt gehen.
   ....

3. Ich muss mich unbedingt hinlegen.
   ....

4. Wir freuen uns, dass wir ein neues Auto haben.
   ....

5. Diese Kreuzung ist gefährlich.
   ....

6. Nimm deinen Führerschein mit!
   ....!

7. Sie müssen 500 m zurückfahren.
   ....

8. Hast du einen Verbandskasten und ein Warndreieck?
   ....?

9. Hier darf man nicht parken.
   ....

10. Ich mag Ruhe und die Natur. Das ist für mich die beste Erholung.
    ....

11. Zwei Mal im Jahr fahren wir in den Urlaub.
    ....

12. Wir wollten im Meer baden, aber es war zu kalt.
    ....

13. Kann man das Museum auch am Vormittag besichtigen?
    ....?

14. Morgen besichtigen wir das Salzbergwerk in Wieliczka.
    ....

13 Tak mieszkamy

1 Was macht man wo? Ordnen Sie zu.

> czytać ▪ spać ▪ pracować ▪ gotować ▪ grać na gitarze ▪
> uczyć się ▪ jeść ▪ leżeć na kanapie ▪ słuchać muzyki ▪

kuchnia: ....
sypialnia: ....
pokój dzienny: ....

2 Tragen Sie die fehlenden Begriffe ein.

1. biurko, regały, komputer — *pokój do pracy*
2. ręcznik, wanna, prysznic — ....
3. lodówka, szafki kuchenne, kuchenka — ....
4. łóżeczko, szafki, zabawki — ....
5. telewizor, fotele, stół, krzesła — ....

3 Was passt nicht in die Reihe? Streichen Sie jeweils einen Begriff.

1. łóżko — dywan — stół — szafa
2. sypialnia — łazienka — przedpokój — telewizor
3. biurko — kuchenka — lodówka — regały kuchenne
4. fotel — krzesło — stolik — kanapa
5. balkon — komputer — taras — kwiaty

4 Ergänzen Sie die Verkleinerungsformen.

1. Moja (*córka*) .... ma dopiero (*rok*) ...., a mój (*syn*) .... ma dwa (*lata*) ....
2. Podaj mi ten (*talerz*) .... i tamten (*widelec*) ...., proszę.
3. Gdzie jest (*Bożena*) .... i (*Paweł*) ....?
4. Ta (*książka*) .... i ten (*wazon*) .... są dla ciebie.

dziewięćdziesiąt trzy 93

5. Przyjdę do ciebie za (*chwilę*) _____ .
6. Zjedz tę (*kiełbasę*) _____ i trochę (*chleba*) _____ .
7. Masz (*piwo*) _____ i coś do jedzenia?
8. (*Halina*) _____ poszła z babcią na zakupy.
9. Zobacz dziadku, mam nowy (*rower*) _____ !
10. Na wakacjach mieszkaliśmy w (*domach*) _____ campingowych.
11. Chcesz gorącą (*herbatę*) _____ ?
12. Mam ochotę na dobre (*śniadanie*) _____ .
13. Jak (*zdrowie*) _____ ? Dziękuję, dobrze.

5 Paulinka erzählt. Ergänzen Sie die Verkleinerungsformen.

> talerze ▪ szafki ▪ dom ▪ balkon ▪ krzesła ▪ pokoje ▪
> fotel ▪ obiad ▪ dywan ▪ lalki ▪ filiżanki ▪ łóżko ▪ stół

W moim domku dla lalek jest wszystko bardzo małe. Ten *domek* ma cztery _____ , jeden _____ i małą kuchnię. W sypialni stoi _____ i szafa. Na podłodze leży _____ . W salonie są cztery _____ i _____ oraz jeden _____ , telewizor i meblościanka. W _____ kuchennych są nawet _____ i _____ . Właśnie gotuję _____ dla moich _____ .

6 Ergänzen Sie die fehlenden Wörter.

1. Domek jednorodzinny to dom dla jednej _____ .
2. Pomieszczenie, gdzie gotujesz obiady to _____ .
3. M4 to mieszkanie, które ma cztery _____ .
4. _____ to duży, piękny dom.
5. Akademik to _____ dla studentów.

7 Ergänzen Sie.

Nasza ciocia Halina zawsze daje _____ (*my*) dużo prezentów. Na przykład, jak przeprowadziliśmy się do nowego mieszkania, to ciocia podarowała _____ (*ja*) obraz, lodówkę i telewizor, a ja byłem tak zajęty, że _____ (*ona*) nawet nie podziękowałem. Bardzo _____ (*my*) było potem przykro. Czy wasza ciocia też _____ (*wy*) robi takie prezenty? Czy wszystko _____ (*ty*) się zawsze podoba?

8 Was passt nicht in die Reihe? Streichen Sie jeweils einen Begriff.

1. dom: własny – ciasny – nowy – zadowolony
2. pokój: brudny – chory – jasny – tani
3. sąsiad: atrakcyjny – miły – dobry – zepsuty
4. fotel: nowoczesny – śpiący – drogi – duży
5. krzesło: stare – centralne – małe – drogie
6. szafa: zmęczona – wspólna – praktyczna – ciemna
7. mieszkanie: słoneczne – dzikie – piękne – ciepłe

9 Ergänzen Sie.

Nowe mieszkanie Heńka i Oli bardzo podoba się _____ (*moja siostra Kasia*). Mąż Kasi, Antek i brat Heńka, pomagali _____ (*Heniek*) i _____ (*Ola*) w przeprowadzce. W tym mieszkaniu _____ (*Antek*) najbardziej podoba się duży pokój dzienny, a _____ (*brat*) Heńka, podoba się bardziej praktyczna kuchnia.

10 Beantworten Sie kurz die Fragen. Verwenden Sie dabei den Dativ.

1. Komu dziękuje Marta? (*sąsiadka*) — *Sąsiadce*.
2. Komu chcesz dać te prezenty? (*Maryna*)
3. Komu oni życzą wszystkiego dobrego? (*rodzice*)
4. Komu chcecie kupić kwiaty? (*te panie*)
5. Komu życzycie „Szczęśliwej podróży"? (*Grażyna*)
6. Komu kupiłeś róże na urodziny? (*Beata*)
7. Komu lubisz pomagać? (*Bartosz*)
8. Komu Jurek mówi „Witam!"? (*ta pani*)
9. Komu jest przykro, bo nie mógł przyjść na twoje urodziny? (*Leszek*)
10. Komu chce się zawsze pić? (*dzieci*)
11. Komu powiedziałaś wszystko? (*Danka*)
12. Komu chcesz podać coś do picia? (*nasi goście*)

11 Wie heißen die Fragen zu den Antworten?

1. *Co pożyczyła Agnieszce sąsiadka?* — Szklanki i talerze.
2. ....? — Kanapki i bigos.
3. ....? — Szymkowi.
4. ....? — Wiertarkę i młotek.
5. ....? — Koledzy Jurka.
6. ....? — Piwo i gorącą herbatę.

12 Schreiben Sie die unterstrichenen Satzteile im Plural.

1. Muszę kupić prezent na imieniny mojemu bratu.
   Musimy kupić prezenty na imieniny naszym braciom.
2. Życzę mojemu koledze „Wesołych Świąt"!
   ....
3. Muszę pożyczyć mojemu sąsiadowi krzesło.
   ....
4. Często pomagam mojemu synowi.
   ....
5. Mojemu dziecku bardzo podoba się ta książka.
   ....
6. Chciałbym dać ten kwiat twojej koleżance.
   ....
7. Dlaczego dałeś twojemu koledze te pieniądze?
   ....

13 Hören Sie und ergänzen Sie.

Agnieszka: Dzień dobry! To ja, Agnieszka. Wiesz, wczoraj przeprowadziliśmy się do naszego .... Może wpadniesz do nas .... po południu na kawę? Pokażemy ci nasze nowe .... i w ogóle cały dom.

Pani Krysia: Chętnie. Bardzo jestem ...., ale co ja wam przyniosę? Wiem, że wasz .... jest zepsuty, ale to trochę za drogi prezent. Właściwie to chciałam wam kupić .... do .... Co wy na to?

Agnieszka: Świetnie, ale kupimy go ...., dobrze? No to na razie! Cześć!

Pani Krysia: Pa, do widzenia!

14 Kreuzworträtsel

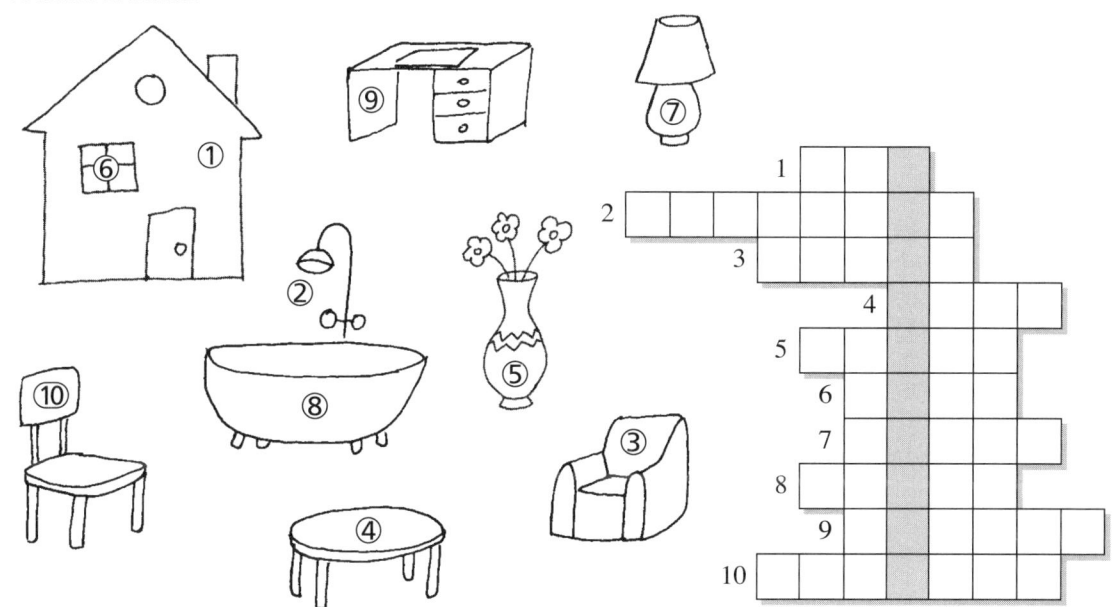

15 Wie heißt das auf Polnisch?

1. Wem hat Herr Kwiatkowski das Geld gegeben?
   ....?

2. Marysia hat ihrer (der) Freundin eine neue Lampe für die neue Wohnung gekauft.
   ....

3. Wir möchten ein Häuschen mit einem kleinen Garten haben.
   ....

4. Kannst du mir etwas Geld leihen?
   ....?

5. Wie hoch ist die Miete?
   ....?

6. Wir müssen einen neuen Kühlschrank kaufen, weil der alte kaputt ist.
   ....

7. Studenten wohnen lieber im Zentrum als im Vorort.
   ....

8. Nach dem Umzug waren wir alle müde und hungrig.
   ....

9. Die Wohnungssituation in den Städten ist etwas besser als auf dem Land.
   ....

10. Ich habe Durst. Kann ich etwas zu Trinken bekommen?
    ....?

dziewięćdziesiąt siedem

14 Co robimy dziś wieczorem?

1 Ordnen Sie zu.

- surfować w Internecie ■ grać w koszykówkę ■ grać w piłkę nożną ■ łowić ryby ■
- uprawiać aerobik ■ grać w szachy ■ grać w tenisa ■ grać na pianinie ■ słuchać muzyki ■
- pływać ■ gotować ■ pływać na desce surfingowej ■ zwiedzać zabytki ■
- wędrować po górach ■ chodzić do teatru ■ żeglować ■ biegać ■ oglądać telewizję ■
- czytać książki ■ grać w karty ■ sprzątać ■ uprawiać gimnastykę ■
- uczyć się języków obcych ■ chodzić do kina ■ pracować w ogrodzie ■

aktywny sport	kulturalne hobby	inne

2 Was passt nicht in die Reihe? Streichen Sie jeweils einen Begriff.

1. pianino — łyżworolki — klarnet — gitara
2. aerobik — piłka nożna — tenis — szachy
3. jeździć na łyżworolkach — jeździć konno — robić zakupy — jeździć na rowerze
4. chodzić na spacery — surfować w Internecie — komputer — e-maile
5. czytać — grać w piłkę — kupować książki — pisać wiersze
6. jazz — muzyka rozrywkowa — języki obce — muzyka poważna

3 Ergänzen Sie die passende Form des Verbs *grać* und die Präpositionen.

Ja bardzo często _____ _____ moimi synami w piłkę. Oprócz tego wszyscy w naszej rodzinie _____ _____ jakimś instrumencie muzycznym: moja żona _____ gitarze, nasi synowie _____ pianinie, a ja _____ klarnecie.
Czasem, wieczorami _____ wszyscy _____ karty, albo idziemy do klubu sportowego, gdzie _____ _____ siatkówkę.

4 Was haben Aneta und Marian am Wochenende gemacht? Hören Sie und notieren Sie.

Aneta: _____
Marian: _____
_____

5 Wie verbringen Sie Ihre Freizeit? Schreiben Sie.

Ja lubię...
_____
_____

6 *Wszystko, wszyscy* oder *wszystkie*? Ergänzen Sie.

1. Wreszcie mogę odpocząć, _____ już zrobiłam.
2. _____ dzieci lubią czekoladę.
3. _____ panie kochają kwiaty.
4. _____ psy lubią mięso.
5. _____ moi koledzy interesują się piłką nożną.
6. Mam _____ płyty tej grupy rockowej.
7. Umiesz już _____?
8. W nocy _____ koty są czarne.
9. _____ owoce są zdrowe.
10. Czy znasz _____ utwory Chopina?
11. _____ chłopcy, ale nie _____ dziewczynki lubią bawić się piłką.
12. _____ miejsca są zajęte.
13. Czy te _____ warzywa są z twojego ogrodu?
14. Masz _____ zdrowe zęby?

7 Ergänzen Sie die passende Form von *żaden*.

1. Nie mam __żadnej__ koleżanki.
2. Jurek nie uprawia _____ sportu.
3. _____ rodzina nie chce tu mieszkać.
4. Iwona nie ma _____ pieniędzy.
5. _____ dziecko nie przyszło wczoraj na koncert.
6. To nie jest _____ grypa. Jest pani tylko przeziębiona.
7. Ja nie umiem grać na _____ instrumencie muzycznym.
8. Elżbieta nie interesuje się _____ muzyką.
9. _____ język obcy nie jest tak trudny jak polski.
10. Nie mam _____ pieniędzy na koncie.

8 Ergänzen Sie die passende Form von *nikt*.

1. Nie mów tego __nikomu__.
2. _____ tego nie wie.
3. _____ nie ma w domu.
4. On z _____ nie rozmawia.
5. Dlaczego ona nigdy _____ nie pomaga?
6. _____ nie wie, gdzie on mieszka.
7. Tu _____ nie pracuje.

9 Ergänzen Sie.

> ▪ żadnym ▪ nic ▪ nikogo ▪ żadnych ▪ nikt ▪ żadnych ▪
> ▪ nikogo ▪ nigdy ▪ nikim ▪ nigdzie ▪ nic ▪ żadne ▪ żadnego ▪

Krystian nie ma _____ problemów. Od lat pracuje w tej samej firmie, ale w pracy właściwie nie zna _____ i jego też _____ nie zna. _____ to nie dziwi, bo Krystian z _____ nie rozmawia. Krystian _____ _____ nie wyjeżdża, nie chodzi na _____ koncerty i nie ma _____ kolegów. W domu _____ nie robi, bo go _____ nie interesuje. Nie gra też na _____ instrumencie i nie uprawia _____ sportu. Co to za życie?

10 Schreiben Sie die Sätze mit doppelter Verneinung.

1. Zawsze go odwiedzam. — *Nigdy go nie odwiedzam*.
2. Zawsze piję na śniadanie kawę. —
3. Wszędzie jest brudno. —
4. On zawsze długo pracuje. —
5. Wszystko jest gotowe. —
6. My zawsze spędzamy wakacje w górach. —
7. Oni zawsze jedzą kolację w restauracji. —

11 Ergänzen Sie.

- Tak, jaką? ▪ Świetnie! No to na razie, pa! ▪
- To wspaniale! Bardzo się cieszę. Kiedy? ▪
- Nie, powiedz mi teraz proszę. ▪ Cześć kochanie! ▪

○ ....
♦ Cześć! Wiesz, mam dla ciebie niespodziankę!
○ ....
♦ To niespodzianka. Zobaczysz, jak przyjdziesz.
○ ....
♦ No dobrze. Dostałam dwa bilety na musical „Jesus Christ Superstar".
○ ....
♦ W niedzielę.
○ ....

12 Wie heißen die Namen im Vokativ? Schreiben Sie.

▪ kochana Ania ▪ drogi Andrzej ▪ droga Ewa ▪ kochany Zbyszek ▪
▪ kochana mama ▪ kochana mamusia ▪ kochany tata ▪ droga ciocia ▪
▪ drogi brat ▪ kochany Jacek ▪ kochany wujek ▪ kochana Zosia ▪

Kochana Aniu!   *Drogi Andrzeju!*

sto jeden 101

13 Schreiben Sie die Eigennamen im Vokativ.

1. Grzegorz, podaj mi sól. — *Grzegorzu, podaj mi sól*.
2. Agata, gdzie jesteś? — .... ?
3. Monika, dokąd idziesz? — .... ?
4. Przemek, daj mi ten bilet! — .... !
5. Janek, chodź do nas! — .... !
6. Adam, zrób to wreszcie! — .... !
7. Basia, możesz to sprawdzić? — .... ?
8. Witaj Zdzisiek! — .... !

14 Mieć + Infinitiv. Ergänzen Sie und ordnen Sie die Fragen 1-8 den Antworten a-h zu.

1. Dlaczego (ja) .... uprawiać sport?
2. Gdzie (my) .... zaparkować auto?
3. Kto to .... zrobić?
4. Co oni .... kupić?
5. Czy (ja) .... iść do fryzjera?
6. Kiedy (ty) .... wypić to lekarstwo?
7. Dlaczego (wy) .... uczyć się polskiego?
8. Gdzie oni .... na nas czekać?

a. W domu.
b. Krzysztof.
c. Coś dobrego na kolację.
d. Bo sport to zdrowie.
e. W garażu.
f. Jutro rano.
g. Jak chcesz.
h. Bo chyba pojedziemy w przyszłym roku do Polski na wakacje.

15 Hören Sie. Ergänzen Sie die fehlenden Wörter.

Ostatnio coraz więcej ludzi myśli o tym, żeby przeprowadzić się z miasta na .... Życie na wsi to nie tylko czyste .... , spokój, świeże jajka i owoce, ale też ciężka praca w .... Młodzi rolnicy często zaczynają hodować kury, ... , gęsi albo świnie. Inni wolą specjalizować się w ekologicznej uprawie .... i owoców, a jeszcze inni zakładają .... gospodarstwa. Tak czy inaczej, mieszkanie i praca na wsi stają się coraz bardziej popularne.

16 Ergänzen Sie die passende Form von *swój*.

1. Czy lubisz ......*swoją*...... sąsiadkę?
2. Gdzie po raz pierwszy spotkałaś .... męża?
3. Musisz wreszcie wykorzystać .... szansę.
4. Stefan bardzo kocha .... żonę.
5. Agnieszka zawsze spędza .... urodziny z koleżankami.
6. Moja córka raz w tygodniu sprząta .... pokój.
7. Jurek spotkał w mieście .... kolegów i .... koleżanki.

17 *Wieczór z kolegami.* Schreiben Sie die Sätze der Erzählung in der richtigen Reihenfolge auf.

Chociaż było już bardzo późno, wszyscy poszli jeszcze do klubu studenckiego „Pod Jaszczurami", gdzie siedzieli przy piwie i dobrej muzyce do rana.

Najpierw wszyscy postanowili iść do kina na jakiś ciekawy film.

Po kolacji, o godzinie dwudziestej drugiej, nikt nie miał ochoty iść do domu.

Ich ulubiona chińska restauracja była akurat zamknięta, więc tym razem zjedli kolację w gospodzie „U Wojciecha".

Po filmie chłopcy byli bardzo głodni i chcieli coś zjeść.

Wczoraj Jarek spotkał się ze swoimi kolegami w mieście.

18 Ergänzen Sie.

> ▪ nazywa ▪ dużo ▪ w ▪ „Okęcie" ▪ koncerty ▪ Warszawy ▪ gdzie ▪ fortepian ▪

Lotnisko w Warszawie nazywało się kiedyś ...., a teraz ....
się Port Lotniczy imienia Fryderyka Chopina. Fryderyk Chopin napisał dwa koncerty na
.... i .... innych utworów fortepianowych, jak na przykład
mazurki, polonezy, nokturny, walce i etiudy.
Każdego roku .... Żelazowej Woli od maja do września odbywają się
..........................., które cieszą się dużą popularnością. Żelazowa Wola to wieś, ...
urodził się F. Chopin. Jest ona oddalona tylko 45 kilometrów od ....

19 Wie heißt das auf Polnisch?

1. Ich habe nichts.
   ....

2. Mietek liebt seine kleine Katze.
   ....

3. Möchtest du auf dem Land wohnen?
   .... ?

4. Daniel kennt keinen hier.
   ....

5. Paulina hat überhaupt kein Geld.
   ....

6. Was soll ich heute machen?
   .... ?

7. Ich weiß nichts über Krzysztof Penderecki.
   ....

8. Hania geht oft ins Kino. Und du?
   .... ?

9. Magst du Überraschungen?
   .... ?

10. Das Konzert fängt in einer Stunde an.
    ....

11. Du kannst alles mitnehmen.
    ....

12. Ania und Marcin mögen ihren großen Garten auf dem Land.
    ....

15 Co przyniesie przyszłość?

1 Wie heißt das Substantiv?

1. podszkolić *szkoła*
2. pracować ....
3. studiować ....
4. wyjechać ....
5. grać ....
6. startować ....

2 Ergänzen Sie die Zukunftsform von *być*.

1. Nasza firma .... w przyszłym roku współpracować z niemiecką fabryką.
2. Gdzie (ty) .... studiować?
3. Jak myślisz, czy w przyszłości Polacy .... częściej wyjeżdżać za granicę?
4. Gdzie (wy) .... spędzać urlop?
5. W przyszłym roku współpraca z Unią Europejską .... bardziej intensywna niż teraz.
6. Mój chłopak i ja .... starać się o stypendium z jakiejś fundacji.
7. Ja .... pracować w instytucie naukowym, który współpracuje z Francją.
8. Jaka pogoda .... jutro?

3 Futur. Schreiben Sie Sätze.

1. Miasta partnerskie organizują wspólne imprezy sportowe.
   ....
2. Rolnicy korzystają z różnych dotacji.
   ....
3. Firmy budowlane budują nowe autostrady.
   ....
4. Policja stara się o bezpieczeństwo w całej Europie.
   ....
5. Studenci dostają stypendia w innych krajach.
   ....
6. Współpracujemy z różnymi zagranicznymi firmami ubezpieczeniowymi.
   ....

4 Schreiben Sie die Sätze im Futur.

1. Będę starać się o unijne stypendium.
   Będę starał/starała się o unijne stypendium.

2. Będziemy chodzić na kurs polskiego.

3. Gdzie będziecie studiować w przyszłym roku?

4. Co będziesz robić na wakacjach?

5. W Anglii będę opiekować się małymi dziećmi.

6. Samoloty będą startować punktualnie.

7. Moja koleżanka będzie jutro cały dzień urządzać mieszkanie.

5 Sammeln Sie Wörter zum Thema Wetter.

Substantive	Verben	Adjektive	Adverbien
			zimno

6 Tragen Sie die Himmelsrichtungen ein.

południowy wschód

106 sto sześć

7 Hören Sie die Wettervorhersage und beantworten Sie die Fragen.

Gdzie będzie jutro padać? ....
Gdzie będzie cieplej – nad morzem czy w górach? ....
Jaka temperatura będzie w nocy? ....

8 Bilden Sie Sätze.

1. Lucyna pojedzie do Anglii. (*pracować*)
   Lucyna będzie pracować/pracowała w Anglii .

2. Robert pojedzie do Francji. (*pracować*)
   ....

3. Przemek pojedzie do Austrii. (*studiować*)
   ....

4. Ja pojadę do Polski. (*zwiedzać muzea*)
   ....

5. Moi rodzice pojadą na urlop do Włoch. (*spędzać urlop*)
   ....

6. Moja córka wyjeżdża do Niemiec. (*mieszkać*)
   ....

9 Monate und Jahreszeiten. Ergänzen Sie.

Wiosna	Lato	Jesień	Zima
kwiecień	*lipiec*	*październik*	*styczeń*

10 Ergänzen Sie.

śnieg ▪ zimy ▪ pada ▪ cieplejsze ▪ roku ▪ mgła ▪ gorąco ▪ jesień ▪ wiatr ▪ temperatura

W Polsce .... są długie i bardzo zimne. .... spada nawet do minus 35°C. Najpiękniejszą porą .... jest wiosna. Dni są coraz .... i dłuższe. W lecie jest bardzo .... Piękną porą roku jest .... Można wtedy zbierać grzyby. Jest ciepło, ale noce są już zimne. W listopadzie często jest .... , wieje zimny .... i czasem nawet ....

sto siedem 107

11 Hören Sie und ergänzen Sie.

Halina spędza urlop w _____, w _____.
Jest _____ (pora roku). Pogoda jest _____.
Halina chce się spotkać z koleżanką w _____ na _____.

12 Welches Wort passt? Ergänzen Sie.

1. _____ grudnia mam imieniny.   *drugiego / dwa / drugi*
2. Dzisiaj jest czwarty _____.   *luty / lutym / lutego*
3. W _____ pojedziemy na narty.   *marca / marcu / marzec*
4. _____ to najpiękniejsza pora roku.   *wiosną / na wiosnę / wiosna*
5. Ela ma urodziny trzeciego _____.   *czerwca / czerwiec / w czerwcu*

13 Antworten Sie.

1. Kiedy jest Święto Niepodległości Polski?   *Jedenastego listopada.*
2. Którego masz imieniny?
3. Który jest dzisiaj?
4. Kiedy jest Boże Narodzenie?
5. Kiedy jest początek wiosny?
6. Kiedy jest ostatnia lekcja polskiego?

14 Sie haben morgen viel vor. Sagen Sie, was Sie machen werden.

1. uczyć się polskiego   *Jutro będę...*
2. robić zakupy
3. zwiedzać Stare Miasto
4. kąpać się w morzu
5. długo spać
6. opalać się
7. gotować bigos
8. jeść tylko owoce
9. urządzać nasz nowy dom
10. nie mieć czasu

15 Wie heißt das auf Polnisch?

1. Im August werden wir ein Praktikum in einer deutsch-polnischen Firma machen.
   ....

2. Der Studentenaustausch ist sehr wichtig für Kontakte mit anderen Ländern.
   ....

3. Jarek wird im Ausland studieren.
   ....

4. Manchmal gibt es im Sommer starke Gewitter.
   ....

5. Wann musst du den Vertrag unterschreiben?
   .... ?

6. Welches Datum ist heute?
   .... ?

7. Kasia, schau was für ein grauer Himmel! Vielleicht wird es schneien.
   ....

8. Im Herbst ist es oft bewölkt.
   ....

9. Wird es heute regnen?
   .... ?

10. In der nächsten Woche wird es sehr warm sein.
    ....

11. Was für ein scheußliches Wetter! Es regnet den ganzen Tag.
    ....

12. In der Tatra schneit es im September oft.
    ....

13. Morgen Nachmittag wird es in den Bergen ein Gewitter geben.
    ....

14. Mach dir keine Sorgen, es wird alles gut.
    ....

Powtórka 5

1 Was passt nicht in die Reihe? Streichen Sie jeweils einen Begriff.

1. mieszkać: spokojnie – ładnie – przyjemnie – często
2. pracować: chętnie – długo – nudno – szybko
3. jeść: zdrowo – dużo – ciasno – mało
4. chodzić: do teatru – na kurs – na rowerze – z psem na spacer

2 Ergänzen Sie das Gegenteil.

1. Mieszkania w _____ są droższe niż na *peryferiach*.
2. Nasza babcia nie chciała przeprowadzić się do *miasta* i nadal mieszka na _____.
3. Przepraszam, czy to krzesło jest *wolne*? – Nie, niestety _____.
4. Jutro na południu Polski będzie bardzo *zimno*, a na północy będzie _____.
5. *Muzyka poważna* cieszy się mniejszą popularnością niż _____.
6. Jak *długo* będziesz w Warszawie? – Tylko dwa dni. – O, to bardzo _____.
7. Dzisiaj *wszyscy* są zmęczeni, ale wczoraj _____ nie był zmęczony.

3 Welches Wort passt? Ergänzen Sie.

▪ urządzać ▪ oglądać ▪ mieszkać ▪ pomagać ▪ spędzać ▪ chodzić ▪ uprawiać ▪

1. Można _____ mieszkanie, dom i pokój dziecinny.
2. Można _____ w centrum, na wsi, w mieście albo na peryferiach.
3. Można _____ rodzicom, koledze i znajomym.
4. Można _____ album, telewizję i zdjęcia.
5. Można _____ do kina, na spacer i do szkoły.
6. Można _____ czas, wakacje i urlop.
7. Można _____ sport albo warzywa.

4 Was passt nicht in die Reihe? Streichen Sie jeweils einen Begriff.

1. koza – krowa – świnia – gęś
2. gorąco – śnieg – duszno – ciepło
3. siatkówka – koszykówka – gimnastyka – piłka nożna
4. siłownia – opera – koncert – operetka
5. jabłka – kapusta – ziemniaki – buraki
6. lipiec – wiosna – luty – październik
7. kredyty – dotacje – fundusze – kontakty towarzyskie
8. stadion sportowy – konferencja – wymiana naukowa – sympozjum
9. stypendium – rencista – student – studia
10. wiatr – burza – słońce – deszcz

5 Vergleichen Sie.

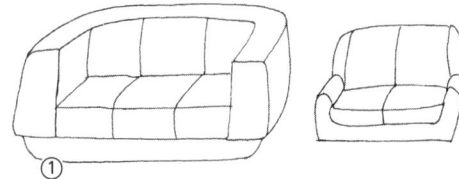

(duża)
Ta kanapa jest większa niż tamta

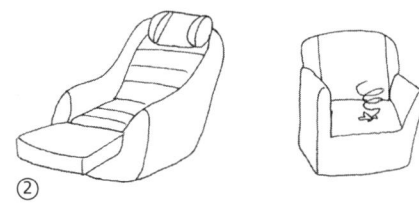

(wygodny)
Ten

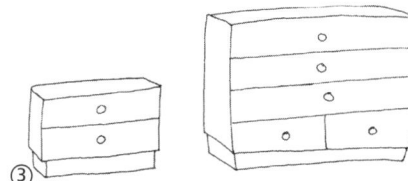

(mała)
Ta

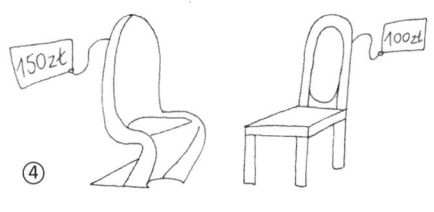

(drogie)
To

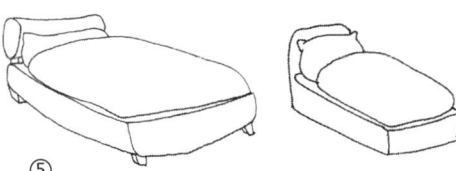

(duże)
To

sto jedenaście 111

6 Stellen Sie Fragen.

1. ty – uczyć się – niemiecki:
   • *Kiedy będziesz uczyć się niemieckiego?*
   • *W przyszłym roku.*

2. mieć – czas – przyszły tydzień:
   • ....
   • *Nie, bo w przyszłym tygodniu musimy długo pracować.*

3. ty – robić – prawo jazdy:
   • ....
   • *Za dwa lata.*

4. żeglować – na wakacjach – w przyszłym roku:
   • ....
   • *Tak, my zawsze żeglujemy na wakacjach.*

5. Leszek – mieć – nareszcie wolne:
   • ....
   • *Chyba w przyszłym miesiącu.*

7 Ergänzen Sie die Pronomen.

▫ mojego ▫ swojego ▫ moje ▫ mój ▫ jego ▫ swoim ▫ swoją ▫ sobie ▫ moje ▫

Pan Tomek mieszka razem ze .... żoną Anią w centrum Bydgoszczy, a .... ojciec mieszka na wsi. Tomek często odwiedza .... ojca. Wczoraj Tomek przyjechał do niego .... nowym samochodem. „Zobacz, to .... nowe auto, niezłe co?" „Wspaniałe! .... stary samochód jest niestety zepsuty. Chodź do mieszkania, pokażę ci, co ja .... kupiłem." Ojciec Tomka pokazał synowi nowe meble w sypialni: „To jest .... nowe łóżko, a to nowy koszyk dla .... kotka, Filutka".

8 *Mieć* + Infinitiv. Bilden Sie Fragen und benutzen Sie dabei vollendete Verben.

1. etwas zum Essen vorbereiten — *Mam przygotować coś do jedzenia?*
2. einen Yoga-Kurs besuchen — ....?
3. die Garage aufräumen — ....?
4. das Auto vor dem Haus parken — ....?
5. dieses Formular ausfüllen — ....?
6. die Rechnung zahlen — ....?
7. diese Jeans kaufen — ....?
8. zu Zbyszeks Party gehen — ....?

9 Schreiben Sie Sätze mit doppelter Verneinung.

1. ▫ Jola ▫ grać w karty ▫   *Jola **nigdy nie** gra w karty.*
2. ▫ my ▫ oglądać rano telewizję ▫
3. ▫ oni ▫ podróżować samolotem ▫
4. ▫ ja ▫ pracować w niedzielę ▫
5. ▫ Agnieszka ▫ spać po południu ▫
6. ▫ mój mąż ▫ jeść śniadanie ▫
7. ▫ pan Wróbel ▫ płacić rachunki ▫
8. ▫ my ▫ spędzać wakacje na wsi ▫
9. ▫ ja ▫ kupować w tym sklepie ▫
10. ▫ Halinka i Gosia ▫ pić piwo ▫
11. ▫ Wiesiek ▫ chodzić z psem na spacer ▫

10 Ergänzen Sie.

1. Dzisiaj w całej Polsce będzie  ....

2. Nad morzem będzie trochę  .... niż w górach.

3. Tylko w Warszawie będzie rano  ....

4. Na południu kraju będzie .... zimny ....

11 Schreiben Sie die Datumsangaben in Buchstaben.

1. Kiedy urodził się Fryderyk Chopin?   22.02.1810

2. Kiedy urodziła się Maria Skłodowska-Curie?   07.11.1867

3. Kiedy urodził się Lech Wałęsa?   29.09.1943

4. Kiedy urodził się Stanisław Lem?   12.09.1921

5. Kiedy urodził się Adam Małysz?   03.12.1977

6. Kiedy urodził się Roman Polański?   18.08.1933

7. Kiedy urodził się Karol Wojtyła?   18.05.1920

8. A Pan/Pani? Kiedy Pan/Pani się urodził/urodziła?

9. Kiedy urodził się Pana/Pani ojciec i Pana/Pani matka?

12 Wie heißt das auf Polnisch?

1. In unserer neuen Wohnung haben wir noch keine Möbel.

2. In diesem Haus wohnt niemand.

3. Alicja möchte eine Wohnung in Polen kaufen.

4. Jędrek verbringt sehr viel Zeit vor dem Fernseher.

5. Schade, dass dich heute nichts interessiert.

6. Hanka will abnehmen und geht deshalb täglich ins Fitnessstudio.

7. Kaja und Ania machen keinen Sport.

8. Nachts sind alle Katzen grau (auf Polnisch: schwarz).

   ....

9. Wie wird das Wetter morgen?

   .... ?

10. Nächstes Jahr im Oktober ziehen wir nach Berlin.

    ....

13 Kreuzworträtsel

Waagerecht:
1. czwarty miesiąc
2. często rano w listopadzie
3. mały kot
4. instrument muzyczny, grał na nim Chopin
5. masz go zawsze za mało
6. gorąca pora roku
7. wieje nad morzem
8. nie południe, tylko

Senkrecht:
9. zimna pora roku
10. możesz na niej spać
11. na niebie
12. krótki miesiąc
13. może być fortepianowy
14. jest tam lodówka, szafki, talerze
15. niebieskie, na nim chmury
16. nie wschód, tylko...
17. mały stół

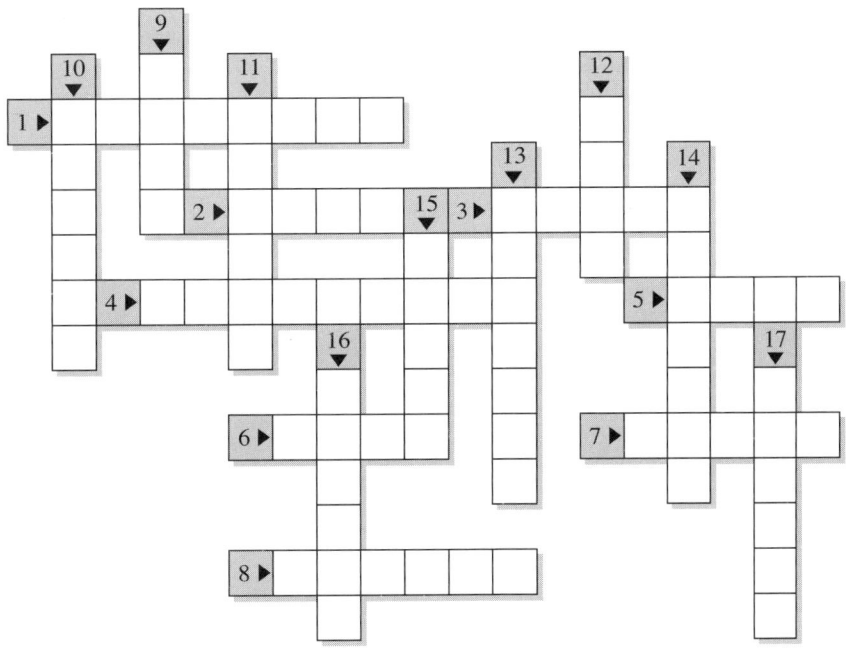

sto piętnaście 115

Schlüssel

1 Dzień dobry

1
2. Ka**to**wice, **pro**gram, au**to**bus, Ma**te**usz, te**le**fon, **ho**tel, Mo**na**chium, Magda**le**na, **Be**rlin, **stu**dent, **ba**nan, Warsza**wa**, Ha**li**na

2
1. pan, 2. – , 3. pani, 4. pan, 5. –

3
1. Sie/pani, 2. Sie/pan, 3. du/ty

4
Basia: Cześć, **jestem** Basia.
Klaus: **Dzień** dobry, nazywam się Klaus.
Basia: Skąd **jesteś?**
Klaus: Z Niemiec, z Hamburga, **a** ty?
Basia: Z **Polski**.
Klaus: Naprawdę?
Basia: **Tak,** z Wrocławia.

5
1-b, 2-d, 3-a, 4-c

6
Ewa: Cześć, jak się **nazywasz**?
Martin: Martin, a **ty**?
Ewa: Ewa. **Skąd** jesteś?
Martin: **Z** Monachium, a ty?
Ewa: Ja **jestem** z Polski, z Krakowa.
Martin: A on, jak on **się** nazywa?
Ewa: Grzegorz.
Martin: **Jak**?
Ewa: Grzegorz.

7
1. jesteśmy, 2. nazywacie, 3. nazywasz, 4. jesteście, 5. nazywa

8
○ Witam! Jestem Jacek Górecki.
◆ Bardzo mi miło.
○ Jak pani się nazywa?
◆ Irena Brodzka.

9
ja + ty = my
Ania + Jurek = oni
on + on = oni
Ewa + Danuta = one
ona + ona = one
Grzegorz = on
ona + on = oni
Jurek + Klaus = oni
pan Kowalski = on
pani Kowalska = ona

10
1. Ewa, 2. Tatry, 3. Do widzenia!, 4. cytryna, 5. gitara, 6. Hanower

11
Lösungswort: ulica
1. auto, 2. telefon, 3. piwo, 4. cytryna, 5. autobus

12
Von oben: Gdańsk, Szczecin, Warszawa, Wrocław, Katowice, Kraków

13
1. Skąd pan/pani jest? 2. Przepraszam. 3. (My) Jesteśmy z Austrii. 4. Bardzo mi miło. 5. Nazywam się Sabine Sutter. 6. Co to jest? 7. To jest Warszawa. 8. Dobranoc! 9. Do widzenia!

2 Przepraszam, gdzie jest...?

1
1. **cz**y, 2. po**cz**ta, 3. pros**z**ę, 4. dziew**cz**yna, 5. **sz**koda

2
1. To jest ulica Floriańska? 2. To jest uniwersytet. 3. On jest z Niemiec. 4. To jest Jurek? 5. To jest pani Urbańska. 6. To są moje pieniądze?

3

b	d	l	b	p	d	r	w	a
n	l	a	u	t	a	o	t	u
n	i	e	d	a	l	e	k	o
j	a	j	k	m	e	a	ż	u
d	h	z	a	c	k	l	e	b
p	r	o	s	t	o	i	m	c

4
○ Przepraszam, gdzie jest hotel „Wawel"?
◆ Proszę iść w lewo, a potem prosto.
○ Czy to jest daleko?
◆ Nie, to niedaleko.
○ Dziękuję.
◆ Proszę bardzo.

5
1. Kto to jest? 2. Co to jest? 3. Gdzie jest poczta? 4. Czy to jest twoje dziecko? 5. Czy to są twoje okulary?

6

mój	moja	moje
twój	twoja	twoje
nasz	nasza	nasze
telefon	kawa	okulary
rower	mama	piwo
prezent	gitara	wino
tort	zupa	dziecko
banan	ulica	biuro
paszport	walizka	pieniądze
		auto

7

1. Przepraszam gdzie jest ulica Długa?
2. Niestety nie wiem. 3. Czy tu niedaleko jest stacja benzynowa? 4. Tam po prawej stronie jest hotel. 5. Czy to jest twoja dziewczyna? 6. To jest niemiecki paszport? 7. Gdzie są moje okulary?

8

1-d, 2-a, 3-c, 4-e, 5-b

9

poczta *f*, ulica *f*, Kraków *m*, teatr *m*, hotel *m*, apteka *f*, bank *m*, Warszawa *f*, Wiedeń *m*, toaleta *f*, Hamburg *m*, muzeum *n*, mama *f*, wino *n*, dziecko *n*, komputer *m*, Lipsk *m*, Polska *f*, prezent *m*, noc *f*, plan *m*, Europa *f*, kasa *f*, uniwersytet *m*, siostra *f*, kolega *m*, zupa *f*, dyrektor *m*, pani *f*, dzień *m*

10

1. są, 2. jest, 3. nazywa się, 4. nazywa się, 5. wiemy, 6. wiem, 7. wiecie, 8. wiedzą, 9. wie, nazywa się

11

1. To jest jej dziecko. 2. To jest ich prezent. 3. To są jego okulary. 4. To jest jej rower. 5. To jest jego dziewczyna. 6. To jest ich auto. 7. To jest ich hotel.

12

1. To nie jest mój hotel. 2. To nie są nasze pieniądze. 3. On nie nazywa się Andrzej. 4. Nie wiem. 5. My nie jesteśmy z Polski. 6. To nie jest mój chłopak. 7. Moja siostra nie nazywa się Ola.

13

1. ulica, 2. dyrektor, 3. poczta, 4. siostra, 5. noc, 6. jego

14

w lewo – w prawo
tam – tu
po prawej stronie – po lewej stronie
niedaleko – daleko
proszę – dziękuję
dziewczyna – chłopak
kolega – koleżanka
siostra – brat
tak – nie

15

1. Gdzie jest toaleta? 2. Kto to jest? 3. Niestety nie wiem. 4. Czy to jest daleko?/Czy to daleko?/To daleko? 5. To nie jest mój paszport. 6. Szkoda. 7. To jest moja walizka. 8. To jest mój kolega z Polski. 9. Przepraszam, gdzie jest rynek? 10. Czy to jest twoja koleżanka/dziewczyna?

3 W hotelu

2

○ Dzień **dobry**! Czy jest **coś** wolnego?
♦ Tak, mamy wolny **pokój** dwuosobowy.
○ **Bardzo** dobrze. Ile kosztuje?
♦ Sto dwadzieścia (120) złotych **ze** śniadaniem.
○ Czy mogę płacić kartą **kredytową**?
♦ Oczywiście.

3

mam	mogę	rozumiem
masz	możesz	rozumiesz
ma	może	rozumie
mamy	możemy	rozumiemy
macie	możecie	rozumiecie
mają	mogą	rozumieją

4

1. Czyj, 2. Jaka, 3. Czyja, 4. Jakie, 5. Jaki, 6. Czyje, 7. Czyje

5

1. masz, 2. Może, 3. ma, 4. rozumiem, 5. możemy, 6. rozumie, 7. mam

6

1. Lampa jest zepsuta. 2. Telefon jest zepsuty. 3. Auto jest zepsute. 4. Prysznic jest zepsuty. 5. Rower jest zepsuty. 6. Pokój jest brudny. 7. Ręcznik jest brudny. 8. Okulary są brudne. 9. Łazienka jest brudna. 10. Okno jest brudne.

7

1. Winda nie funkcjonuje./Winda nie działa.
2. Radio nie funkcjonuje./Radio nie działa.
3. Telewizor nie funkcjonuje./Telewizor nie działa.
4. Ogrzewanie nie funkcjonuje./Ogrzewanie nie działa.

8

winda nie działa, pokój jest brudny, jest zimno, nie ma wody

9

1-b, 2-a, 3-e, 4-f, 5-c, 6-d

10

karta kredytowa, pokój dwuosobowy, papier toaletowy, winda zepsuta, okno brudne, kuchnia francuska, piękny widok, imię niemieckie

11

1. niemiecki, 2. brudny, 3. europejski, 4. neutralna, 5. dobre, 6. wolny, 7. zepsuty, 8. nowe, 9. francuska

12

1. apteka, 2. zero, 3. dobry, 4. telewizor, 5. kuchnia, 6. winda, 7. europejski

13

recepcja, klucz, walizka, paszport, karta kredytowa, winda, pokój dwuosobowy, widok na morze, parking, garaż, w centrum...

14

Lösungswort: Zakopane
1. cztery, 2. zaraz, 3. klucz, 4. hotel, 5. recepcja, 6. dwa, 7. okno, 8. zepsuty

15

1. Nic nie rozumiem. 2. Mój pokój jest brudny. 3. Ile kosztuje pokój jednoosobowy? 4. (Czy) pani wszystko rozumie? 5. Nie ma wody. 6. Gdzie można zaparkować? 7. Mogę to zobaczyć? 8. Możesz to załatwić? 9. (Czy) to (jest) wszystko? 10. Czyj to jest klucz?

Powtórka 1

1

Individuelle Lösung

2

Klaus: O, witam!
Marek: Cześć!
Klaus: **Kto** to jest?
Marek: Andrzej.
Klaus: **Skąd** on jest?
Marek: Z Warszawy.
Klaus: **Czy** to jest twój kolega?
Marek: Tak.
Klaus: A to, **co** to jest?
Marek: Moja walizka.
Klaus: A **gdzie** jest moja walizka?
Marek: Tam.

3

Do jutra! Ile kosztuje? Bardzo mi miło. Może mi pan pomóc? Dobry wieczór. Niestety, nie wiem.

4

dzień dobry – do widzenia
plus – minus
ona – on
pan – pani
noc – dzień
wszystko – nic

5

łazienka: toaleta, papier toaletowy, zimna woda, ciepła woda, ręcznik
hotel: recepcja, winda, pokój jednoosobowy, restauracja, widok na morze, klucz
ulica: poczta, stacja benzynowa, Floriańska, Grodzka, teatr, muzeum, bank
bank: karta kredytowa, pieniądze, euro, złoty, wypełnić, podpisać, grosz, sto

6

1. Proszę tu podpisać. 2. Rozumiesz? 3. Gdzie jesteście? 4. Bardzo dobre śniadanie. 5. Moja dziewczyna/koleżanka nic nie rozumie. 6. Proszę tam zaparkować. 7. Mój chłopak/kolega ma problemy. 8. O co chodzi? 9. Proszę, tu jest moja karta kredytowa. 10. Wiem wszystko. 11. Czy tu jest garaż?

7

1. To są Niemcy. 2. To jest Polska. 3. Gdzie są moje okulary? 4. Gdzie są nasze pieniądze?

8

1. po, 2. w, 3. z, 4. na, 5. przed, 6. z, 7. po

9

1. To nie są nasze problemy. 2. To nie jest mój numer telefonu. 3. Moja mama nie nazywa się Ola. 4. Nie można płacić kartą kredytową. 5. Nie rozumiem. 6. Niestety, nie mogę pani pomóc.

10

2. Nie, to nie są nasze pieniądze. 3. Nie, mój hotel nie jest w centrum. 4. Nie, to nie kosztuje dwadzieścia złotych. 5. Nie, nie wiem, gdzie jest pan Tomasz. 6. Nie, tu nie można (za)parkować. 7. Nie, moja dziewczyna nie nazywa się Dorota. 8. Nie, to nie jest wasz autobus.

11

Individuelle Lösung

12

informacja turystyczna, ulica Floriańska, plac Zamkowy, stacja benzynowa, Jurek Potocki, nowe biuro, wolny pokój, zepsuty komputer

13

1. macie, 2. mamy, 3. ma, 4. masz, 5. mają, 6. mam

14

2. To jest Jurek, a to jego dziewczyna Joasia. 3. To jest/są Elżunia i Marysia, a to ich brat Tomek. 4. To jest pani Ludwika, a to jej córka Anna. 5. To jest Piotr, a to jego siostra Agnieszka.

15

2. ich, 3. mój, 4. nasze, 5. ich, 6. jego, 7. moja, 8. twój, 9. jej, 10. wasz, 11. twoje

16

Mögliche Lösung: 1. Cześć! / Dzień dobry! / Witam! / Dobry wieczór! 2. Jestem… / Nazywam się… 3. Bardzo mi miło. 4. To jest… 5. Jak się pan/pani nazywa? / Jak się nazywasz? 6. Skąd pan/pani jest? / Skąd jesteś? 7. Jestem z Niemiec/Austrii/… 8. Gdzie jest…? Tam./Tu/Po prawej stronie. / Po lewej stronie. 9. Dziękuję. 10. Tak. / Oczywiście. 11. Przepraszam. 12. Nie wiem. 13. Przepraszam, … 14. Szkoda. / Bardzo mi przykro. 15. To jest/są mój/moja/moje…To nie jest/są… 16. Może mi pan/pani pomóc? 17. Czy jest wolny pokój jednoosobowy/dwuosobowy? 18. Niestety to radio/okno/… jest zepsute/nie działa/nie funkcjonuje. Nie ma ręcznika/wody… 19. Mogę/można… 20. Nie rozumiem. 21. Ile kosztuje? 22. Do widzenia! Cześć!

4 Kawa czy herbata?

1

1. wyjście, 2. Austria, 3. widelec, 4. dobry, 5. bułki, 6. wejście, 7. przykro, 8. kolega, 9. dobre, 10. śniadanie

2

Kelner: **Dzień dobry** panu!
Pan Kowalski: Dzień dobry. Proszę **kawę**, dwa **rogaliki**, chleb i jedno jajko.
Kelner: Jajko na miękko, czy może jajecznicę?
Pan Kowalski: **Jajko na miękko.**
Kelner: Niestety musi pan trochę poczekać.
Pan Kowalski: Nie szkodzi. Proszę jeszcze sok **pomarańczowy**.

3

2. Pani Kwiatkowska ma małe dziecko. 3. Masz dobrą kawę? 4. My mamy polską kiełbasę. 5. Masz sok jabłkowy? 6. Macie dżem pomarańczowy?

4

noże, widelce, łyżki, szklanki, filiżanki, talerze, serwetki

5

1. jedną, 2. jeden, 3. jedno, 4. jeden, 5. jeden, 6. jedna, 7. jedną

6

Mögliche Lösung: 2. Pan Krzysztof chce kawałek ciasta i dwa rogaliki. 3. Co ty pijesz? 4. Ula je dwa jajka i trzy bułki. 5. Co wy zawsze jecie na śniadanie? 6. Tomasz i Beata jedzą jajecznicę.

7

1. chce, 2. pije, 3. lubimy, 4. chcą, 5. Lubisz, wolę, 6. chcę, 7. pije

8

Ania ma bardzo miłego chłopaka, Krzyśka. Krzysiek lubi ciasto i Ania często robi szarlotkę, sernik albo makowiec. Krzysiek ma brata, Andrzeja. Andrzej zawsze po południu pije angielską herbatę z mlekiem.

9

świeży rogalik; sok jabłkowy; wspaniała szarlotka; woda mineralna; zimne mleko; mocna herbata

10

Przepraszam, ale **ta** kawa jest bardzo zimna, a **te** bułki nie są świeże.
Mogę dostać **ten** sok?
Przepraszam, ale **ten** makowiec nie jest świeży.
Ale **ta** szarlotka jest świeża.
Proszę pana, **to** piwo nie jest zimne.

11

2. To jajko jest świeże, ale **tamte jajka** nie są świeże.
3. Ta bułka jest z serem, a **tamte bułki są** z szynką.
4. Ten talerz jest brudny, ale **tamte talerze nie są** brudne.
5. Ten jogurt jest niedobry, ale **tamte jogurty są** bardzo dobre.

12

1. zupa, 2. sól, 3. sól, 4. banan, 5. talerz, 6. jogurt, 7. piwo

13

b	f	l	b	p	t	r	w	ś
n	l	a	u	c	g	o	k	ł
m	a	s	ł	o	r	g	d	ś
j	a	j	k	o	w	a	ż	u
d	ś	z	a	c	h	l	e	b
i	p	s	b	f	e	i	m	ł
m	l	e	k	o	r	k	y	ś
h	b	r	e	g	b	m	k	w
k	m	s	ł	i	a	o	a	h
s	ó	l	p	ś	t	f	w	f
j	m	i	ó	d	a	z	a	t

14

Mögliche Lösung: 1. Mogę dostać herbatę z cytryną? 2. Chcę (jedną) bułkę i (jeden) jogurt. 3. Ta szynka jest bardzo dobra. 4. Zawsze piję na śniadanie mocną kawę. 5. Musicie chwileczkę poczekać. 6. Co chcesz pić? 7. Chcesz wodę mineralną, albo może sok jabłkowy? 8. Masz ochotę na świeże ciasto? Tak bardzo chętnie. 9. Ten nóż jest brudny. 10. Masz miłego kolegę? 11. Krzysztof pije chętnie zieloną herbatę.

5 Smacznego!

2

cebula, kluski, wódka, kapusta, wieczór, surówka, miód, kurczak, bułka

3

○ Restauracja „U Romka", słucham?
◆ Dzień dobry, moje nazwisko Kaiser. Można zarezerwować stolik na dzisiaj wieczór?
○ Oczywiście, na ile osób?
◆ Trzy.
○ Proszę bardzo.
◆ Dziękuję.

4

zupy: barszcz z uszkami, rosół, zupa pomidorowa z makaronem, kapuśniak, krupnik, zupa ogórkowa, zupa grzybowa

drugie dania: pstrąg z patelni, bigos, karp smażony, rolady wołowe z ziemniakami, kotlet schabowy, kotlet mielony, pierogi, naleśniki z dżemem, kurczak pieczony z frytkami

desery: jagody z bitą śmietaną, lody owocowe, lody czekoladowe, szarlotka, tort czekoladowy, sernik

5

1. Nie, oni chcą zjeść obiad. 2. Ewa chce pić czerwone wino, a Bogdan jasne piwo i wodę mineralną. 3. Kelner poleca bigos staropolski. 4. Bogdan chce zjeść bigos, a Ewa kotlet, frytki i sałatkę z pomidorów/sałatkę pomidorową. 5. Nie, Ewa nie lubi bigosu.

6

Sie: Proszę lampkę białego wina. Dziękuję bardzo. Dziękuję. Proszę kaczkę po polsku i buraczki. Proszę jeszcze wodę mineralną. Dziękuję.

7

2. Chcę trochę barszczu. 3. Chcę trochę mięsa. 4. Chcę trochę sałatki. 5. Chcę trochę rosołu. 6. Chcę trochę wody. 7. Chcę trochę surówki. 8. Chcę trochę bigosu. 9. Chcę trochę szampana. 10. Chcę trochę zupy.

8

-**a:** nazwiska, dżentelmena, Rafała, ogórka, talerza, Bogdana, kelnera, widelca, okna, noża, Janka

-**u:** makaronu, obiadu, pieprzu, wieczoru, rachunku

-**i:** sałatki, łyżeczki, Polski, filiżanki, kolegi, serwetki, kolacji, Ani

-**y:** osoby, zupy, Ewy, Warszawy

9

Andrea i Tadeusz są w restauracji. Andrea pije sok jabłkowy, a Tadeusz piwo. Andrea bardzo lubi zupę ogórkową, ale dzisiaj zupa jest niestety zimna i niedobra. Tadeusz nie je zupy. Na drugie danie kelner poleca roladę wołową, ale oni nie jedzą mięsa. Andrea chce smażoną rybę, a Tadeusz pierogi z kapustą.

10

2. Ten szampan jest dla Rafała. 3. Proszę, to dla państwa. 4. Czy ta kawa jest bez cukru? 5. Dla kogo jest to piwo? 6. Restauracja „Europejska" jest niedaleko banku. 7. Możemy iść dzisiaj do restauracji? 8. Ten tort jest dla Ewy. 9. Do ryby piję zawsze białe wino.

11

1. Nie chcemy (z)jeść obiadu. 2. Moje dziecko nie lubi zupy grzybowej. 3. Waldek nie pije zimnej wody. 4. (Bardzo) Nie lubimy polskiej kiełbasy. 5. Na obiad nie jemy ryby. Pan Kwiatkowski nie chce białego wina.

12

2. Czy Jurek ma miód? Nie, Jurek nie ma miodu. 3. Masz pieprz? Nie mam pieprzu. 4. Czy Waldek ma piwo? Nie, Waldek nie ma piwa. 5. Czy oni mają ten rachunek? Nie, oni nie mają tego rachunku. 6. Masz czerwone wino? Nie mam czerwonego wina. 7. Czy Ela ma kiszoną kapustę? Nie, Ela nie ma kiszonej kapusty. 8. Masz sok pomarańczowy? Nie mam soku pomarańczowego.

13

Smacznego! Bułki, masło, miód i dżem na śniadanie zawsze jem. Obiad skromny: ryż, ziemniaki, rosół, kotlet i buraki, barszcz, makaron, frytki, ryba. Nie za dużo? – Starczy chyba. A na deser dla ochłody dla każdego zimne lody. A co myślisz o kolacji? Idziemy do restauracji!

14

1. jesz, 2. idziemy, 3. iść, 4. jedzą, 5. je, 6. idę, 7. zjeść

15

1. kotlet, 2. sok, 3. lody, 4. pstrąg, 5. karp smażony, 6. naleśniki z serem

16

1. pierogi, 2. bigos, 3. barszcz, 4. ogórek, 5. łyżeczka, 6. woda, 7. restauracja, 8. pstrąg, 9. zupa

17

Mögliche Lösung: 1. Proszę lampkę białego wina. 2. Czy ten stolik jest wolny? 3. Dla mnie proszę szarlotkę z bitą śmietaną. 4. Przepraszam, ale nie mam noża. 5. Lubisz rosół z makaronem? 6. Co pan chce jeść? 7. Wszystko w porządku? – Tak, oczywiście. 8. Nie lubię mięsa. 9. Masz coś do picia? 10. Wieczorem idziemy do restauracji. 11. Co chcesz na deser? 12. Czy pan/pani pije zawsze kawę bez mleka? 13. Moja mama pije dużo mocnej herbaty.

6 Wszystkiego najlepszego!

1

1. nicht nasaliert, 2. nasaliert, 3. nicht nasaliert (en), 4. nasaliert, 5. nicht nasaliert, 6. nasaliert

3

2. O, jaka praktyczna książka! 3. O, jakie ciepłe rękawiczki! 4. O, jaki duży prezent! 5. O, jaki ładny krawat!

4

Individuelle Lösung

5

2. Nie, nie mam nowych rękawiczek. 3. Nie, nie mamy prezentów dla Natalii i Leszka. 4. Nie, moja dziewczyna nie lubi czerwonych róż. 5. Nie, Jurek nie ma tych biletów. 6. Nie, nie mam twoich niemieckich albumów. 7. Nie, Ewa nie ma nowych okularów. 8. Nie, nie chcę kupić tamtych dżinsów. 9. Nie, nie lubimy bułek na śniadanie.

6

sto białych róż, pięć czekolad, dużo drogich kosmetyków, kilka książek kucharskich, sześć płyt kompaktowych, pięć bombonierek, parę modnych dżinsów

7

◆ Witam! Co nowego?
○ Wszystko **po staremu**. A co u ciebie?
◆ Nic **nowego**. Możemy się jutro **wieczorem** spotkać?
○ Nie, jutro nie mogę. Muszę iść na kurs francuskiego, ale we **wtorek** i w **środę** mam wolne.
◆ We wtorek i w środę ja nie mam czasu. A w **piątek**?
○ Dobrze. No to do zobaczenia w piątek wieczorem w restauracji.

8

1-e, 2-d, 3-a, 4-b, 5-c

9

1. muszę, 2. musisz, 3. musimy, 4. musimy, 5. muszą, 6. musicie, 7. muszę

10

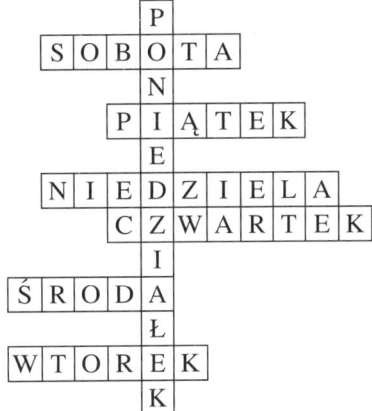

11

Dzisiaj jest poniedziałek. Kinga nie lubi **poniedziałków**, bo wtedy musi długo pracować. Jutro, we **wtorek** Kinga pracuje tylko przed południem, ale w środę niestety cały dzień. W **piątek/piątki** i w **sobotę/soboty** Kinga ma zawsze wolne, a w **czwartek/czwartki** musi tylko pracować po południu.

12

dwadzieścia cztery
czterdzieści – sześćdziesiąt
osiemdziesiąt pięć

13

1. praca, 2. stół, 3. kosmetyki, 4. maj, 5. róże, 6. zepsuty, 7. w środę, 8. dużo, 9. bilet, 10. trzy

14

Mögliche Lösung: 1. Nie chcę tych kwiatów. 2. Gdzie jest mój ciepły szalik? 3. Waldek i Krysia mają tylko pięć minut czasu. 4. Wszystkiego najlepszego z okazji urodzin! 5. Kiedy jedziesz do Poznania? 6. Kamil musi kupić pięć nowych koszul. 7. Nie lubię drogich prezentów. 8. Kiedy masz wolny dzień? 9. Doskonały pomysł! 10. Kiedy macie tę ważną konferencję? 11. Ile płyt kompaktowych chcesz kupić? 12. Tam jest kilka ładnych krawatów.13. Muszę kupić modne dżinsy. 14. Aneta zawsze chce coś praktycznego na urodziny. 15. Karolina i Mateusz muszą czasem bardzo długo pracować.

Powtórka 2

1

Individuelle Lösung

2

Mögliche Lösung: 1. Agata ma we wtorek czas. 2. Kiedy ty musisz długo pracować? 3. Dokąd jedzie Tadeusz? 4. Mogę dostać trochę pieprzu? 5. Niestety ja tego nie zamówiłam. 6. Te talerze są brudne. 7. Te czerwone rękawiczki są bardzo ładne.

3

1. osobno, 2. mało, 3. po południu, 4. wejście, 5. czerwone wino, 6. wieczorem, 7. zimny, 8. źle, 9. skąd

4

1-c, 2-e, 3-d, 4-b, 5-a

5

2. ○ Tadeusz pije piwo. Chcesz też (pić) piwo?
   ◆ Nie, wolę (pić) herbatę.
3. ○ Zbyszek jedzie do Krakowa. Chcesz też jechać do Krakowa?
   ◆ Nie, wolę (jechać) do Warszawy.
4. ○ Agata lubi niedziele. Lubisz też niedziele?
   ◆ Nie, wolę soboty.
5. ○ Ewa je czekoladę. Chcesz też (jeść) czekoladę?
   ◆ Nie, wolę (jeść) ciasto.
6. ○ Adam jedzie do Niemiec. Chcesz też jechać do Niemiec?
   ◆ Nie, wolę (jechać) do Austrii.

6

ja	piję	lubię	jem
ty	pijesz	lubisz	jesz
on, ona, ono	pije	lubi	je
my	pijemy	lubimy	jemy
wy	pijecie	lubicie	jecie
oni, one	piją	lubią	jedzą

ja	idę	jadę	wolę
ty	idziesz	jedziesz	wolisz
on, ona, ono	idzie	jedzie	woli
my	idziemy	jedziemy	wolimy
wy	idziecie	jedziecie	wolicie
oni, one	idą	jadą	wolą

7

Kinga: Wiesz, jutro **po** południu idziemy **na** imieniny **do** Patrycji. Mam już kwiaty.
Karolina: To dobrze, ale nie możemy iść **bez** prezentu. Kwiaty to za mało. Musimy kupić jeszcze coś ładnego, ale co?
Kinga: Patrycja jest **z** Anglii, to może kupimy dobrą herbatę albo angielski dżem pomarańczowy?
Karolina: To doskonały pomysł. Dobra angielska herbata i bukiet róż to dobry prezent **dla** Patrycji.

8

	Nominativ Sg.	*Genitiv Sg.*	*Nominativ Pl.*	*Genitiv Pl.*
2.	bułka	bułki	bułki	bułek
3.	jajko	jajka	jajka	jajek
4.	piwo	piwa	piwa	piw
5.	serwetka	serwetki	serwetki	serwetek
6.	bilet	biletu	bilety	biletów
7.	książka	książki	książki	książek
8.	prezent	prezentu	prezenty	prezentów
9.	rękawiczka	rękawiczki	rękawiczki	rękawiczek
10.	szalik	szalika	szaliki	szalików

Beispielsätze: Individuelle Lösung

9

pić: wino, wodę mineralną, mocną kawę, sok jabłkowy, zieloną herbatę, herbatę z rumem

jeść: obiad, kolację, bułkę, śniadanie, szarlotkę, herbatniki

jechać: do Polski, do Warszawy, do Niemiec, do Krakowa, do domu, do pracy, do Poznania

10

2. Małgosia nie lubi ogórków, ale lubi pomidory. 3. Kamil lubi makaron, ale nie lubi ziemniaków. 4. Ela i Jerzy nie lubią kotletów, ale lubią rybę. 5. Angelika lubi szampan, ale nie lubi piwa. 6. Marcin i Ewa nie lubią bananów, ale lubią czekoladę.

11

2. Dokąd twoja mama musi jechać? 3. Kiedy twój kolega musi zrobić porządek w domu? 4. Czy Adam musi zarezerwować pokój w hotelu? 5. Czy wy musicie kupić coś na obiad? 6. Kiedy Maciek musi jechać do Niemiec?

12

Mögliche Lösung: 1. Chcę coś zjeść. 2. Lubisz bułki? – Nie, wolę rogaliki. 3. Czy Karina musi jutro pracować? 4. Nie mam ciepłych rękawiczek. 5. Gdzie jest wyjście? 6. Bartek i Wojtek nie lubią francuskich filmów. 7. Czy pan/pani lubi czerwone róże? Nie, nie lubię czerwonych róż. 8. Dokąd on musi jechać? 9. Marta nie lubi polskiej muzyki. 10. Agata i Adam nie wiedzą, co muszą kupić na kolację. 11. W soboty nie muszę pracować. 12. Siadajcie, proszę! 13. Kinga i Mateusz idą dzisiaj do kina. 14. Mięso jest przypalone. 15. Niedaleko mojego domu jest dobra restauracja.

13

Mögliche Lösung: 1. Mam ochotę na kawę. 2. Nie szkodzi. 3. Mogę dostać bułkę? 4. Lubię polską kiełbasę. 5. Można zarezerwować stolik. 6. Dla mnie proszę rosół z makaronem i pieczeń wieprzową. 7. Smacznego! 8. Ja nie lubię ryby. 9. Ta szarlotka jest wspaniała! 10. Rachunek proszę! 11. Ten rachunek się nie zgadza. 12. Wszystkiego najlepszego z okazji imienin! 13. Jaki drogi prezent! 14. Co słychać? 15. Ma pan/pani czas?

7 Poproszę kilo jabłek

1

a.
1. co**ś**, 2. **sz**arlotka, 3. o**si**em, 4. **ś**niadanie, 5. bur**sz**tyn, 6. na**sz**yjnik, 7. czere**ś**nie, 8. **sz**abla

b.
1. pie**cz**ywo, 2. Ma**ci**ek, 3. słone**cz**nikowy, 4. kupi**ć**, 5. pię**ć**, 6. po**cz**ta, 7. **ci**astko, 8. pomarań**cz**owy

3

◆ Czy jest chleb słonecznikowy?
○ Niestety nie ma.
◆ To proszę chleb graham i trzy bułki.
○ To wszystko?
◆ Nie, proszę jeszcze jedno ciastko.
○ Z makiem, z jagodami czy z serem?
◆ Z serem. To wszystko.

4

◆ Proszę te dwie **widokówki** i dwa **znaczki** pocztowe.
○ **To** wszystko?
◆ Nie, proszę jeszcze jedno **mydło** i **chusteczki** higieniczne. Ma pan też **plan** Warszawy?
○ Tak, proszę.
◆ Dziękuję, to wszystko. Ach nie, proszę jeszcze cztery **bilety** tramwajowe i tę małą **maskotkę**. Ile **płacę**?
○ Siedemnaście złotych i dwadzieścia pięć groszy.
◆ Proszę. A ma pan może słownik polsko-niemiecki?
○ Niestety nie, ale tam jest księgarnia.

5

pół kilo/kilograma kiełbasy krakowskiej, dwadzieścia deka/dekagramów szynki, ćwierć kilo/kilograma baleronu, dwa kilo polędwicy wołowej, pół kilograma boczku i trzy kotlety

6

Maciek ma dzisiaj urodziny i jego mama, Krystyna, musi zrobić duże zakupy. Najpierw musi kupić coś na obiad: **pięć kotletów, dwa ogórki, cztery kilo pomidorów** i **dwie cebule**. Poza tym musi jeszcze kupić coś do picia: **sześć soków pomarańczowych** i **dwie wody mineralne.** W supermarkecie Krystyna chciałaby jeszcze kupić pieczywo: **dwanaście bułek** i **czternaście ciastek**. Potem Krystyna musi iść do księgarni i kupić **dwie książki** na prezent dla Maćka.

7
pół kilo sera
trzydzieści deka szynki
ćwierć kilo kiełbasy
kilo bananów
pół kilo cytryn
2 kilo pomidorów
czterdzieści deka baleronu
2 kilo kiszonej kapusty
kilo mięsa wołowego

8
Mögliche Lösung:
Apteka: plaster, aspiryna, bandaż elastyczny, kosmetyki
Mięso: kiełbasa, szynka, polędwica, kotlety, baleron
Księgarnia: książki, album, słowniki, książka kucharska
Pieczywo: szarlotka, chleb, pączki, bułki, rogaliki, ciastka, makowiec
Pamiątki: drewniany talerz, kilim, obraz, szachy, coś z bursztynu, kryształowy wazon, naszyjnik
Kiosk: bilety autobusowe, gazety, widokówki, zapałki, bilety tramwajowe, znaczki, papierosy, karty telefoniczne, mapy, plany, filmy, zabawki, rajstopy

9
Wojtek: **Chciałbym** kupić dzisiaj bilety do kina.
Aneta i Karolina: Jutro **chciałybyśmy** zaprosić naszych znajomych na obiad.
Jurek i Andrzej: **Chcielibyśmy** coś zjeść.
Karina: Dziś wieczorem **chciałabym** pójść do restauracji.
Mój kolega i ja: **Chcielibyśmy** zobaczyć ten album o Warszawie.
Basia: Irek, co **chciałbyś** na kolację?

10
1-c, 2-f, 3-d, 4-e, 5-a, 6-b, 7-g

11
Mögliche Lösung:
czerwone: buraki, wino, pomidory, barszcz
białe: śmietanka, mleko, sól, ryż, cukier, wino
niebieskie: morze, dżinsy
żółte: cytryna, banany, bursztyn
zielone: ogórki
różowe: szynka
brązowe: czekolada, kawa, miód

12
○ Dla Pana? ○ Jaki rozmiar? ○ Jaki kolor?
○ Może ten? ♦ Ile kosztuje?

13
Mögliche Lösung: 1. Czy ma pani świeże pączki? 2. Czy ten chleb słonecznikowy jest świeży? 3. Chciałbym polską książkę kucharską i słownik. 4. Proszę mi pokazać tamten kryształowy wazon. 5. Ile kosztuje ta karta telefoniczna? 6. Kto dzisiaj płaci? 7. Lubisz sałatkę jarzynową? 8. Ten naszyjnik z jasnego bursztynu jest bardzo ładny. 9. Może mi pan to pokazać? 10. To za drogo. 11. W polskim kiosku można kupić nawet zabawki. 12. Ta niebieska koszulka jest za ciasna. 13. Gdzie mogę przymierzyć tę kurtkę? 14. Te spodnie bardzo dobrze pasują. 15. Chciałabym ten czerwony sweter i tę czarną bluzkę.

8 Kim jestem?

2
Moja ro**dz**ina to: mój mąż Kacper, córka Celinka i syn Wacław. Co**dz**iennie rano **dz**ieci idą do szkoły, a mąż i**dz**ie do pra**c**y. Ja idę na zakupy, a potem gotuję obiad. W nie**dz**ielę je**dz**iemy czasem do Mię**dz**yzdrojów, g**dz**ie mieszkają moi ro**dz**ice. Wszys**c**y bar**dz**o lubimy długie spa**c**ery nad morzem.

3
Dzieci twoich dzieci to **wnuki**. Mama i tata to **rodzice**. Mąż i żona to **małżeństwo**. Brat i siostra to **rodzeństwo**. Córka i syn to **dzieci**. Babcia i dziadek to **dziadkowie**.

4
Państwo Jaszyna mają dwoje dzieci: jednego **syna** Jacka oraz **córkę** Marysię. Siostra pana Łukasza Jaszyny jest **ciocią** Jacka i Marysi i nazywa się Magda. Pani Magda jest już **babcią** i ma jednego wnuka Krzysia. Jacek i Marysia bardzo lubią swojego **dziadka** Dionizego. Pan Dionizy ma 76 lat, jest **na emeryturze** i lubi chodzić na długie spacery. Mama Jacka i Marysi jest **ekspedientką** i pracuje w księgarni.

5
1. lekarzem – informatykiem, 2. studentką – ekspedientką, 3. dyrektorem – szefem, 4. uczniem – studentem, 5. kelnerką – sekretarką, 6. sprzedawcą – nauczycielem

6
2. rodzicami, 3. miłą koleżanką, 4. moimi dziećmi, 5. Dorotą Kowalską, 6. Władysławem i Anią, 7. moim bratem, 8. nowym systemem komputerowym.

7
2. Jurek i Zbyszek mają trzynaście lat.
3. Moja mama ma pięćdziesiąt jeden lat.
4. Jego ojciec ma sześćdziesiąt pięć lat.
5. Pani Kowalska ma trzydzieści cztery lata.
6. Twoja córka ma sześć lat.
7. Bożena ma czterdzieści osiem lat.
8. Marek ma dwadzieścia dwa lata.
9. Mój dziadek ma osiemdziesiąt dziewięć lat.
10. Nasza babcia ma siedemdziesiąt osiem lat.
11. Ja mam …lat/lata.

8
1. wnuk, 2. syn, 3. dziadek, 4. wujek, 5. mąż, 6. brat, 7. tata, 8. kawaler, 9. wdowiec, 10. rozwodnik

9
2. Marek interesuje się samochodami. 3. Irek i Jadwiga interesują się muzyką. 4. Mirek interesuje się polską kuchnią. 5. Ja interesuję się językiem polskim. 6. Ela interesuje się kwiatami. 7. Piotrek i Tadek interesują się Internetem. 8. Franek interesuje się gramatyką niemiecką.

10
Moja **bliska** rodzina nie jest **duża**. Ojciec jest **zdrowy**, ale mama trochę choruje. Moja żona nie pracuje **zawodowo**, **świetnie** gotuje i robi **wspaniałą** szarlotkę. Mamy dwoje dzieci. Nasz **mały** syn chodzi do szkoły i uczy się **dobrze**. Nasza **duża** córka jest bardzo **ładna** i chce zostać modelką. Ja muszę **dużo** pracować, bo chcemy kupić **drogi** samochód.

11
1. długo – długi, 2. dobra – dobrze, 3. Specjalnie – specjalny, 4. zły – źle, 5. doskonale – doskonały

12
Polska, Polak, Polka, polski, Polakiem/Polką
Niemcy, Niemiec, Niemka, niemiecki, Niemcem/Niemką
Austria, Austriak, Austriaczka, niemiecki, Austriakiem/Austriaczką
Francja, Francuz, Francuzka, francuski, Francuzem/Francuzką

13
Individuelle Lösung

14
1. – , – , 2. za, 3. z, 4. z, – , 5. z, 6. Z, 7. Za

15
Mögliche Lösung: 1. Dzisiaj jem kolację z moimi rodzicami. 2. Jedziecie do Polski razem z dziećmi? 3. Mój wujek jest bardzo dobrym lekarzem. 4. Krystian i Jarek interesują się ochroną środowiska. 5. Urszula interesuje się europejską polityką. 6. Czy masz dużą rodzinę? 7. Jedziesz z Miłoszem i z Krystyną do Krakowa? 8. Przed teatrem jest parking. 9. Z kim chciałbyś pracować? 10. Kamil jest kolegą Aleksandry. 11. Niestety nie mam rodzeństwa. 12. Mieszkamy razem z moim dziadkiem. 13. Pan Bronkowski jest dyrektorem dużej firmy komputerowej.

9 Jaka praca, taka płaca

2
1. sprzątaczka, 2. pielęgniarka, 3. sekretarka, 4. projektant stron internetowych, 5. sprzedawca/ekspedientka, 6. kelner

3
Zbyszek jest lekarzem.
Anna jest nauczycielką.

4
1. Kierowcy muszą, 2. Informatycy pracują, 3. Pracownicy sezonowi pracują, 4. Urzędnicy mogą, 5. Architekci projektują, 6. Dyrektorzy zarabiają

5
1. szukasz, 2. szukają, 3. szukam, 4. szukamy, 5. szuka, 6. szukacie

6
Dariusz Konopka jest **handlowcem** i od roku szuka **pracy**. Dariusz zna **język** francuski i niemiecki, ma **wykształcenie** średnie i **doświadczenie** zawodowe. Dariusz chciałby **pracować** w Warszawie. Dziewczyna Dariusza, Dominika, szuka pracy **na pół etatu** w Mińsku Mazowieckim.

7
2. budowlanym, 3. telefoniczna, 4. biurowej, 5. szkolne, 6. zawodowe, 7. internetowej, 8. komputerowy

8
1. czwarty, 2. dziesiąty, 3. druga, 4. piątą, 5. pierwszy, 6. drugi, 7. trzeci, 8. pierwsza

9
Pan Kozicki jest szefem biura maklerskiego. Codziennie rano o godzinie **wpół do ósmej/siódmej trzydzieści je** śniadanie, a potem **idzie** do pracy. O godzinie **dziesiątej** ma zawsze konferencję. Obiad **je** czasem o **dwunastej piętnaście**, a czasem o **dwunastej czterdzieści pięć**. Po południu, o **szesnastej, dwadzieścia** Pan Kozicki **pije** mocną kawę, a o **wpół do siódmej/osiemnastej trzydzieści idzie** do domu.

10
1-c, 2-a, 3-d, 4-b, 5-f, 6-e

11
O Księgarnia „Twoja książka", słucham?
♦ Dobry wieczór. Chciałabym rozmawiać z panią Piotrowską.
O Niestety pani Piotrowskiej nie ma. A kto mówi?
♦ Moje nazwisko Borek.
O Ach, pani Borek. Proszę zadzwonić po godzinie 18 (osiemnastej).

12
Tomasz mieszka **w** Białowieży i pracuje **w** szpitalu. Tomek ma dużo kolegów **w** Niemczech. Właśnie teraz Tomek jest **na** urlopie **w** Alpach. **Po** urlopie **w** maju, Tomasz chciałby pojechać do Warszawy na szkolenie i już teraz cały czas rozmawia **o** tym z kolegami.

13
Chciałbym/Chciałabym rozmawiać z panem Adamczykiem.
Moje nazwisko...
Nie, dziękuję. Mogę zadzwonić później?
... dziękuję, do widzenia.

14
Mögliche Lösung:
Szanowni Państwo!
Od 01.07. do 15.07. mam urlop.
Pozdrowienia

15
-y: celnicy, Anglicy, kelnerzy, kierowcy, Polacy, Niemcy, urzędnicy, dyrektorzy, informatycy
-owie: panowie, mężowie, kawalerowie, inżynierowie, ojcowie
-i: policjanci, studenci, konsultanci, recepcjoniści
-e: lekarze, nauczyciele, dziennikarze

16
1. Moi bracia szukają pracy w Rzeszowie.
2. Jacy ludzie mogą tu mieszkać? 3. Czy to są koledzy? 4. Tamci Anglicy mówią dobrze po polsku. 5. Czy wasi synowie już pracują? 6. Ci chłopcy nic nie rozumieją.

17
Możliwe Lösung: 1. Dzisiaj jest bardzo trudno znaleźć interesującą pracę. 2. O której godzinie masz rozmowę kwalifikacyjną? 3. Lubisz twój zawód? 4. Mamy problemy z nowymi programami komputerowymi. 5. Mogę coś przekazać? 6. Katarzyna jest bezrobotna i szuka pracy. 7. Pani Ziomek jest sekretarką, zna kilka obcych języków i ma duże doświadczenie zawodowe. 8. Waldek pracuje w fabryce samochodów w Bielsku. 9. Kiedy możemy się spotkać? 10. W banku pracuje dużo urzędników. 11. Jutro o dziesiątej mam ważne zebranie. 12. Proszę zadzwonić później, ale nie po dwunastej. 13. O co chodzi? 14. Z kim rozmawiam? 15. Proszę mi jeszcze raz podać pana/pani numer telefonu.

Powtórka 3

1
Mögliche Lösung:
Europa
Ludzie
Anglicy, Francuzi, Austriacy, **Polacy**, **Niemcy**
Ludzie
Ludzie, kochają, mówią, **pracują, rozmawiają, kupują**
Ludzie.

2
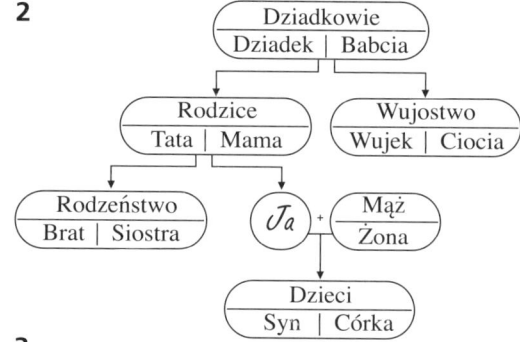

3
1. Justyna, 22 lata, studiuje informatykę, interesuje się siatkówką, mieszka w akademiku razem z jedną koleżanką.
2. Mirosław, 44 lata, żonaty, dwoje dzieci, pracuje w fabryce samochodów w Gliwicach.

Urlop lubi spędzać razem z rodziną, w Tatrach albo w Beskidach.
3. Sabina, 11 lat, mieszka w Suwałkach. Chciałaby zostać nauczycielką języka polskiego. Nie lubi matematyki.
4. Przemek ma 23 lata i jest studentem medycyny. Akurat ma praktykę w szpitalu w Jeleniej Górze. Przemek interesuje się nowoczesnymi systemami komputerowymi.

4
2. pieczywo, 3. liczby, 4. rodzina, 5. polskie pamiątki, 6. mięso, 7. owoce, 8. kolory

5
1. niedziela, 2. dziadek, 3. urlop, 4. aktywny, 5. kurtka, 6. dwadzieścia, 7. zapałki, 8. słodycze, 9. zebranie, 10. praca

6
2. W tym supermarkecie można kupić tanie słodycze, a w tamtej piekarni świeże pieczywo.
3. W tym kiosku można kupić widokówki, a w tamtej księgarni mapę Polski.
4. W tej aptece można kupić kosmetyki, a w tamtym sklepie coś do jedzenia.
5. W tej firmie komputerowej można pracować na pół etatu, a w tym banku niestety nie.

7
1-f, 2-e, 3-b, 4-a, 5-d, 6-c

8
Lösungswort: bursztyn
1. laborant, 2. biuro, 3. księgarnia, 4. kiosk, 5. godzina, 6. pasta, 7. tydzień, 8. piekarnia

9
1. pracować, zna, 2. zatrudni, 3. rozmawia, 4. mówisz, 5. studiują, mieszkają, 6. szukamy, 7. szukam

10
2. Proszę mi dać tę gazetę. 3. Proszę zadzwonić później. 4. Proszę zrobić listę zakupów.
5. Proszę tu poczekać.

11
○ **Słucham?**
◆ Dzień dobry, tu mówi Jurek. **Chciałbym** rozmawiać **z** Jolą.
○ Niestety Joli nie **ma** w domu.
◆ Mogę **zadzwonić** później?
○ Oczywiście.
◆ Kiedy?
○ **Po** dziesiątej, ale **przed** dwunastą.
◆ Dziękuję.

12
Szanowny Panie Rzepka!
Jestem sekretarką i **pracuję** w firmie ubezpieczeniowej **w** Berlinie. Znam dobrze **język** polski, **niemiecki**, angielski i francuski. Chciałabym pracować w Państwa **firmie** od 1. maja. Proszę o odpowiedź.

Z poważaniem

Elżbieta Simmer

13
2. rodzinny, 3. internetowy, 4. pocztowych, 5. zawodowe, 6. bursztynowe, 7. kwalifikacyjna

14
2. łatwo, 3. dobrze, 4. jasna, 5. bez

15
Mögliche Lösung: 1. Moje dzieci interesują się językami obcymi. 2. Proszę zadzwonić później. 3. Dyrektor rozmawia właśnie z pracownikami. 4. Edyta jest zawsze bardzo zajęta. 5. Z kim Jurek rozmawia? Z panią Kwiatkowską. 6. Nasza firma chce zatrudnić od zaraz dwie księgowe. 7. Kinga i Natalia chciałyby się spotkać w piątek we francuskiej restauracji. 8. Ci chłopcy interesują się komputerami. 9. Mam dla ciebie bardzo dobrą wiadomość. 10. Szukam czarnej kurtki rozmiar 40. 11. W poniedziałek jadę do pracy autobusem. 12. Czy twoja żona pracuje zawodowo? 13. Ten kandydat ma dobre wykształcenie i doświadczenie zawodowe.

16
Mögliche Lösung: 1. Chciałbym słownik.
2. Chciałbym przymierzyć tę kurtkę.
3. Proszę mi to pokazać. 4. Nie ma mleka.
5. Proszę zadzwonić. 6. Ile Pan ma lat?
7. Mam ... lat/lata. 8. Kim Pan jest z zawodu?
9. (z. B.:) Jestem kawalerem. Jestem Niemcem.
10. Która godzina? Za piętnaście szósta.
11. Słucham? 12. Czy mogę prosić...

10 Boli mnie głowa

1
1-d, 2-a, 3-b, 4-e, 5-c

2
nogi, palce, stopy, włosy, uda, oczy, uszy, ręce, zęby, piersi

3
szalik – szyja, skarpetki – stopy, spodnie – nogi, rękawiczki – ręce, naszyjnik – szyja, dżinsy – nogi, krawat – szyja, buty – stopy

4
2. dalej, 3. częściej, 4. mniej, 5. lepiej, 6. więcej, 7. gorzej

5
2. najbardziej chory pacjent, 3. najkorzystniejszy rodzaj sportu, 4. najdłuższe włosy, 5. najbardziej wysportowana dziewczyna, 6. najzdrowszy tryb życia, 7. najważniejsza osoba, 8. najładniejsze oczy, 9. najdroższy samochód

6
2. Mój pokój jest **duży**, ale twój pokój jest **większy**, a **największy** jest jego pokój.
3. Te rękawiczki są **ciepłe**, tamte rękawiczki są **cieplejsze**, ale **najcieplejsze** są te czerwone rękawiczki.
4. Jej rower jest **drogi**, twój rower jest **droższy**, ale **najdroższy** jest mój rower.
5. Wrocław jest **ładny**, Warszawa jest **ładniejsza**, ale **najładniejszy** jest Kraków.
6. Język angielski jest **trudny**, język niemiecki jest **trudniejszy**, ale **najtrudniejszy** jest język polski.
7. Ta książka jest **interesująca**, ale ten album o Warszawie jest **bardziej interesujący**, a **najbardziej interesujący** jest tamten album o Krakowie.

7
Mögliche Lösung: Boli mnie głowa, jestem śpiący, mam temperaturę i w ogóle źle się czuję.

8
2. Czy ty jesteś uczulony/uczulona na ten antybiotyk?
3. Ewa jest uczulona na grzyby.
4. Moje dzieci są uczulone na penicylinę.
5. Ja jestem uczulony/a na czekoladę.
6. Krzysztof jest uczulony na cebulę.
7. Dorota jest uczulona na ten kosmetyk.

9
Andrzej jest u internisty. Andrzeja boli serce. Jadwiga jest u dentysty. Jadwigę boli ząb.

10
Małgosia: Dzień dobry, jak się czujesz?
Zbyszek: Źle, bardzo źle. **Boli mnie** serce i żołądek. A co z twoimi oczami, czy dzisiaj znowu bolą cię oczy?
Małgosia: Tak, niestety. Muszę wziąć lekarstwo. A gdzie jest Magda?
Zbyszek: Magda nie może iść dzisiaj do szkoły, bo **bolą ją** zęby. A ty jak się dziś czujesz?
Małgosia: Oj niedobrze. Bardzo **boli mnie** głowa. A co z Tadkiem? Jeszcze śpi?
Zbyszek: Nie, Tadek musi iść do lekarza, bo **bolą go** plecy.

11
○ Dzień dobry!
◆ Dzień dobry, **co** pani dolega?
○ Jestem **przeziębiona**. Od dwóch dni **wszystko** mnie boli. Mam też gorączkę.
◆ Ile?
○ Wieczorem nawet 39,2°.
◆ To dużo. Zobaczymy, czy to nie jest **grypa**. Proszę się rozebrać. No, rzeczywiście. Muszę pani przepisać antybiotyk.

12
3. Idźcie do domu! 4. Czekaj tu na nas! 5. Nie jedzcie tego! 6. Zróbcie dobrą kolację! 7. Weź ciepłe rękawiczki! 8. Połóżcie się do łóżka! 9. Przyjedź do nas!

13
1. Śpij dobrze! 2. Napijmy się wina! 3. Zobaczcie nasze zdjęcia! 4. Proszę, pokaż mi twoje mieszkanie! 5. Porozmawiajmy trochę o tobie! 6. Wpadnijcie do nas na kawę!

14
2. Wypij to! Proszę to wypić. 3. Przyjdź tu! Proszę tu przyjść. 4. Jedz mało! Proszę mało jeść. 5. Dużo pij! Proszę dużo pić. 6. Pomóż nam! Proszę nam pomóc.

15
○ Dzień dobry, można?
◆ **Tak** oczywiście, proszę.
○ Jak się dzisiaj **czujesz**?
◆ Dużo **lepiej**. Już nie mam **gorączki**.
○ To świetnie. Tu masz wodę **mineralną** i **sok** jabłkowy. Chcesz coś **jeszcze**?
◆ Nie, dziękuję.

16
2. ją, 3. go, 4. jej, 5. ciebie, 6. ją, 7. was, 8. ich, 9. mnie, 10. ciebie, 11. nas

17

„Uniwersalne **lekarstwo**"
Od **niedzieli** do soboty
nie **mam** chęci do roboty.
Poniedziałek - źle **się** czuję,
brzuch mnie boli, w boku kłuje.
wtorek, środa, **czwartek**, piątek
może to grypy **początek**?
Wszystko boli, **kaszlę**, kicham,
czy ja w ogóle oddycham?
Ale **jutro** już sobota
Ona czeka - ma Dorota!
Czeka **weekend**, góry, las.
Jestem **zdrowy**, akurat na **czas**!

18

1. zęby, 2. alergik, 3. owoce, 4. palce, 5. nos,
6. zdrowie, 7. sport, 8. góry, 9. noga,
10. recepta, 11. głowa, 12. pacjent, 13. ręce,
14. wegetarianie, 15. łóżko, 16. brzuch,
17. grypa, 18. antybiotyk, 19. szyja,
20. pogotowie

19

Mögliche Lösung: 1. Nie lubię chodzić do dentysty. 2. Wegatarianie nie jedzą mięsa. 3. Jaki rodzaj sportu najlepiej ci się podoba? 4. Możesz jutro do mnie wpaść? 5. Mamy dla was dobrą wiadomość. 6. Czy często boli cię głowa? 7. Życzę ci szybkiego powrotu do zdrowia. 8. Czy te lekarstwa są dla mnie? 9. Rysiek jest przeziębiony. On kaszle, ma katar i ciągle kicha. 10. Helena źle widzi. Ona musi iść do okulisty. 11. Jacka boli żołądek. To może być zatrucie pokarmowe.

11 W podróży

1

1. samolot, 2. kolejowym, 3. tramwaj,
4. taksówek, 5. rowerem, 6. pociąg

2

2. iść, 3. iść, 4. chodzi, 5. chodzi, 6. chodzisz,
7. idziesz, 8. chodzić, 9. idzie, 10. chodzić,
11. chodzę

3

Pani Agata **chodzi** wszędzie pieszo. Dzisiaj na przykład musi **iść** na zakupy i do lekarza. Jej syn Roman **jeździ** do szkoły na rowerze, ale jej córka musi **jeździć** codziennie autobusem. Mąż pani Agaty nie lubi **chodzić** pieszo i dlatego **jeździ** do pracy samochodem.

4

1. pojechać, 2. latamy/lecimy, 3. jedzie,
4. polecieć, 5. jeździcie, 6. latać, 7. latać,
8. leci, 9. jeździć

5

○ O której godzinie odjeżdża **pociąg** ekspresowy do Gdańska?
◆ O 17:00.
○ Bez **przesiadki**?
◆ Tak.
○ Muszę wykupić **miejscówkę**?
◆ Tak.
○ A z którego **peronu** odjeżdża ten pociąg?
◆ Z pierwszego.
○ Dziękuję.

6

Mögliche Lösung: Na dworcu można czekać na pociąg, czytać książki i gazety, słuchać muzyki, oglądać podróżnych, jeść kolację, pić piwo, kupować bilety, szukać restauracji, telefonować, rozmawiać po polsku i spać.

7

1. Nigdzie nie mogę znaleźć mojej zielonej karty. / Nie mogę nigdzie znaleźć mojej zielonej karty. 2. Czy ma pani dowód rejestracyjny? 3. Nie ma sprawy. 4. Tu nie wolno tak szybko jechać. 5. Dlaczego muszę zapłacić mandat? 6. Musicie państwo jechać z powrotem. / Państwo musicie jechać z powrotem. 7. Przepraszam, do Nowego Targu dobrze jadę?

8

Michael musi najpierw na skrzyżowaniu skręcić w lewo, a potem obok poczty w prawo i potem cały czas prosto na Jarosław.

9

Pani Ewa kupuje bilet. Pani Ewa musi kupić bilet.
Agnieszka i Kamila jadą do szkoły. Agnieszka i Kamila muszą jechać do szkoły.
Pan Jerzy skręca w lewo. Pan Jerzy musi skręcić w lewo.

10

2. robisz, 3. jem, 4. płaci, 5. gotuje,
6. zaprasza, 7. położyć, 8. wypełnić,
9. poczekać, 10. szukam

11

Mögliche Lösung:

1. wziąć / brać	Weź te bilety!
2. przeczytać / czytać	Damian bardzo dużo czyta.
3. napić się / pić	Codziennie piję dwie szklanki mleka.
4. zagrać / grać	Zagraj z nami!
5. kupić / kupować	Co musisz kupić na kolację?
6. powiedzieć / mówić	Powiedz mi wszystko, co wiesz na ten temat.

12

a. 799 - b. 10 123 - c. 245 - d. 3 600 000 - e. 486 - f. 921 - g. 13 715 - h. 500 - i. 352 - j. 1 670

13

Lösungswort: plecak
1. peron, 2. lotnisko, 3. bilet, 4. tysiąc, 5. mandat, 6. kontrola

14

Mögliche Lösung: 1. Czy to jest pociąg do Warszawy? 2. Muszę już jechać. Jeszcze raz dziękuję za wszystko. 3. Gdzie jest najbliższa stacja benzynowa? 4. Jak szybko wolno tu jechać? 5. Chciałabym jechać do Wejherowa. 6. Mirek i Ola nie mogą znaleźć parkingu. 7. Nasz samolot jest opóźniony trzydzieści minut. 8. Czy to jest pociąg ekspresowy do Poznania? 9. Andrzej jest zawsze punktualny. 10. Na pierwszym skrzyżowaniu musi pan skręcić w lewo. 11. Agata codziennie jeździ metrem do pracy. 12. Czy chciałby pan miejscówkę przy oknie? 13. Kiedy odjeżdża autobus do Kielc? 14. O której godzinie odjeżdża pociąg do Rzeszowa?

12 Nareszcie wakacje!

1

1-b, 2-c, 3-d, 4-a, 5-e

2

Warszawa jest **największym** polskim **miastem**. W Warszawie można zwiedzić Stare Miasto, Zamek Królewski, Pałac **Kultury** i Nauki oraz **Park** Łazienkowski. Na Starym Mieście znajduje się **kolumna** króla Zygmunta, który przeniósł **stolicę** Polski z **Krakowa** do Warszawy.

3

wycieczka rowerowa
hala targowa
zamek królewski
ruchome wydmy
mazurskie jeziora
górskie strumyki

4

1. byłaś, 2. byli, 3. byliśmy, 4. była, 5. byłeś, 6. były

5

2. Gdzie były moje pieniądze? 3. Tam był wolny stolik. 4. W górach było bardzo gorąco. 5. Dlaczego byliście niezadowoleni? 6. Mirosław był na urlopie w Tatrach. 7. Tadeusz i Adam byli na Mazurach. 8. Bożena i Ania były w parku.

6

1. wędkarz
2. rowerzysta
3. żeglarz
4. turysta
5. król
6. szewc

7

Ja jeszcze nigdy nie **widziałem** prawdziwego smoka i dlatego **postanowiłem** pojechać do Krakowa. **Zwiedziłem** dokładnie całe miasto, ale niestety smoka nigdzie nie **było**. Szkoda. Może Pan/Pani go **widział/widziała**?

8

Wczoraj **zwiedzałam** Kraków. Najbardziej **podobał** mi się najstarszy polski uniwersytet - Uniwersytet Jagielloński. W Sukiennicach **kupiłam** ładne polskie pamiątki. O godzinie 12 **byłam** na Rynku i **widziałam** trębacza na wieży Kościoła Mariackiego, który **grał** hejnał. Wieczorem **wróciłam** do hotelu, zmęczona, ale bardzo zadowolona.

9

2. Czy dostałeś już moją kartkę?
   Nie, ale dostałem kartkę od Ani.
3. Czy Paulina zwiedziła już Wawel?
   Nie, ale zwiedziła Wieliczkę.
4. Czy byłeś już we Wrocławiu?
   Nie, ale byłem w Warszawie.
5. Czy postanowiłaś pojechać do Sopotu?
   Nie, ale postanowiłam pojechać do Łeby.
6. Czy widziałeś już Pałac Kultury i Nauki?
   Nie, ale widziałem już Stare Miasto.
7. Czy spałaś kiedyś w namiocie?
   Nie, ale spałam w domku campingowym.

10
1. Bogusław łowił ryby. 2. Mariola pływała na żaglówce. 3. Bogdan obserwował kozice górskie. 4. Bogdan zbierał grzyby./(Mariola zbierała grzyby). 5. Mariola pływała na desce surfingowej.

11
2. się cieszył, 3. się cieszą, 4. się cieszę, 5. Cieszymy się, 6. Cieszysz się, 7. się cieszyła

12

ja	chciałem/chciałam
ty	chciałeś/chciałaś
on/ona/ono	chciał/chciała/chciało
my	chcieliśmy/chciałyśmy
wy	chcieliście/chciałyście
oni/one	chcieli/chciały

ja	musiałem/musiałam
ty	musiałeś/musiałaś
on/ona/ono	musiał/musiała/musiało
my	musieliśmy/musiałyśmy
wy	musieliście/musiałyście
oni/one	musieli/musiały

ja	mogłem/mogłam
ty	mogłeś/mogłaś
on/ona/ono	mógł/mogła/mogło
my	mogliśmy/mogłyśmy
wy	mogliście/mogłyście
oni/one	mogli/mogły

13
1. zwiedził, 2. pojechała, 3. zbierali, 4. zwiedziłyście, 5. wypoczęła, 6. pojechały, 7. pływałam, 8. wypoczęli, 9. leżała, 10. spędziliśmy

14
Wojtek pojechał nad morze, do Łeby. Grażyna pojechała na Mazury.

15
Cześć Sławek!

Dzisiaj **przyjechaliśmy** do Augustowa. To już ostatni dzień naszego spływu kajakowego po Czarnej Hańczy. **Było** fantastycznie! Codziennie **pływaliśmy** pięć godzin. **Spaliśmy** w domkach campingowych albo w namiotach. Obiady **jedliśmy** w restauracjach, a śniadania i kolacje **robiliśmy** sami. Wszystko bardzo nam **się podobało**.

Do zobaczenia

Urszula i Maciek

16
Möglicbe Lösung: 1. Szczęśliwej podróży i do zobaczenia w przyszłym roku! 2. Aleksander chętnie gra w siatkówkę. 3. Warto zwiedzić zamek królewski. 4. Cieszę się, że mogę do was przyjechać. 5. Co robiłeś wczoraj? 6. Marian cały czas na urlopie łowił ryby. 7. Gdzie spędziłeś wakacje w zeszłym roku? 8. Moi rodzice chętnie zwiedzają stare kościoły. 9. Nie lubię żeglować, ale lubię pływać. 10. Trzy lata temu zrobiliśmy kurs jazdy konnej. 11. Łukasz musiał pojechać wczoraj do Białowieży. 12. Nie mogliśmy zwiedzić Wieliczki, bo nie mieliśmy już czasu. 13. Dokąd chcielibyście pojechać w przyszłym roku na urlop?

Powtórka 4

1
1. do zobaczenia, 2. tabletek, 3. sobotę i niedzielę, 4. chwileczkę, 5. oraz, 6. trzeba

2
1. lekarstwo, 2. siatkówka, 3. rower, 4. jezioro, 5. stolica, 6. port, 7. las

3
1. chora, 2. po południu, 3. mniejszy, 4. gorzej, 5. jaśniejszy, 6. odjazd, 7. pytanie

4
1. noga, nos, kolano, broda
2. przyroda, zbierać grzyby, góry, zwiedzać okolicę

5
Möglicbe Lösung:
1. głowa, nogi, ręce, plecy, bok, żołądek, serce, stopy
2. domek campingowy, plecak, walizka, kurs żeglarski
3. kontrola drogowa, dowód rejestracyjny, hamulce, mandat
4. autobus, pociąg, samolot, taksówka, samochód, balon, helikopter
5. łóżka, pacjenci, lekarze, siostry, pielęgniarki, lekarstwa
6. celnik, walizki, samoloty, ludzie, paszport, informacja
7. pociąg, podróżni, bilet, kasa biletowa, miejscówka, kiosk
8. las, plaża, wodospady, strumyki, jeziora, morze, doliny, rzeki

6

W Krakowie jest bardzo **dużo** muzeów. Na rynku znajdują się Sukiennice, Kościół Mariacki i dużo miłych restauracji. **Warto** zwiedzić Wawel i **Uniwersytet** Jagielloński oraz Wieliczkę, starą **kopalnię** soli niedaleko Krakowa. Kraków **jest** chyba najładniejszym **polskim** miastem.

7

1. autostrada, 2. taksówka, 3. przewodnik, 4. samochód, 5. kościół, 6. peron, 7. chodzić, 8. chory, 9. album rodzinny, 10. owoce

8

1. bolą, 2. żeglował, 3. oddychać, 4. grać, 5. chodzę, 6. latać, 7. wymienić, 8. zwiedzić, 9. wracać, 10. odwiedzić, 11. opalać się, 12. spędzasz

9

	unvollendet	vollendet
1.	gotować	ugotować
2.	brać	wziąć
3.	czekać	poczekać
4.	zostawiać	zostawić
5.	szukać	poszukać
6.	parkować	zaparkować
7.	mówić	powiedzieć
8.	robić	zrobić
9.	jeść	zjeść
10.	grać	zagrać
11.	pisać	napisać
12.	płacić	zapłacić

10

Mögliche Lösung: 2. W poniedziałek moja dziewczyna gotowała obiad. 3. Moja babcia nazywała się Kwiatkowska. 4. We wtorek Ula pracowała do wieczora. 5. Gdzie był mój bilet? 6. My studiowaliśmy/studiowałyśmy w Warszawie. 7. To lekarstwo kosztowało dużo pieniędzy. 8. Moja ciocia cały rok leżała w szpitalu. 9. Gdzie ty spędziłeś/spędziłaś wakacje?

11

2. ciebie, 3. was, 4. mnie, 5. cię, 6. ich, 7. go, 8. ją, 9. nas

12

1. jej, 2. je, 3. nich, 4. ich, 5. nią, 6. ją, 7. ciebie, 8. go, 9. niego, 10. niej

13

Warszawa jest **największym** polskim miastem. **Najwyższym** budynkiem w Warszawie jest Pałac Kultury i Nauki, a najładniejszą częścią Warszawy jest Stare Miasto. **Najpiękniejszym** polskim miastem jest chyba Kraków, gdzie znajduje się **najstarszy** polski uniwersytet, Uniwersytet Jagielloński. **Najdłuższą** rzeką w Polsce jest Wisła, a **najwyższe** polskie góry to Tatry.

14

2. Wazon to bardzo praktyczny prezent, ale szalik jest chyba **bardziej praktyczny/praktyczniejszy** jednak **najbardziej praktyczne/najpraktyczniejsze** są pieniądze. 3. „Czwartek to mój zły dzień." – „Tak? – dla mnie **gorszy** jest wtorek, ale **najgorszy** jest poniedziałek." 4. Jacek chce mały kawałek ciasta, Jurek chce **mniejszy**, a ja chciałabym tamten **najmniejszy** kawałek ciasta. 5. Ten chleb jest bardzo dobry, a ten rogalik jest jeszcze **lepszy**, ale **najlepszy** jest ten tort.

15

2. Uwaga, 3. Owoce, 4. ból, 5. pracę, 6. zdrowie, 7. internistą, 8. koni, 9. droga, 10. roboty

16

Mögliche Lösung: 1. Jak często chodzisz do dentysty? 2. Czułam się źle. Musiałam iść do lekarza. 3. Muszę się koniecznie położyć. 4. Cieszymy się, że mamy nowy samochód. 5. To skrzyżowanie jest niebezpieczne. 6. Weź prawo jazdy! 7. Pan musi jechać pięćset metrów z powrotem. 8. Masz apteczkę i trójkąt ostrzegawczy? 9. Tutaj nie wolno parkować. 10. Lubię spokój i przyrodę. To dla mnie najlepszy wypoczynek. 11. Dwa razy w roku jedziemy na urlop. 12. Chcieliśmy kąpać się w morzu, ale było za zimno. 13. Można zwiedzić to muzeum też przed południem? 14. Jutro zwiedzimy kopalnię soli w Wieliczce.

13 Tak mieszkamy

1

Mögliche Lösung:
kuchnia: gotować, jeść, pracować
sypialnia: spać, czytać, słuchać muzyki, uczyć się
pokój dzienny: pracować, grać na gitarze, leżeć na kanapie

2

2. łazienka, 3. kuchnia, 4. pokój dziecinny, 5. pokój dzienny

3
1. dywan, 2. telewizor, 3. biurko, 4. stolik, 5. komputer

4
1. córeczka, roczek, synek, latka, 2. talerzyk, widelczyk, 3. Bożenka, Pawełek, 4. książeczka, wazonik, 5. chwileczkę, 6. kiełbaskę, chlebka, 7. piwko, 8. Halinka, 9. rowerek, 10. domkach, 11. herbatkę, 12. śniadanko, 13. zdrówko

5
W moim domku dla lalek jest wszystko bardzo małe. Ten **domek** ma cztery **pokoiki**, jeden **balkonik** i małą kuchnię. W sypialni stoi **łóżeczko** i szafa. Na podłodze leży **dywanik**. W salonie są cztery **krzesełka** i **stolik** oraz jeden **fotelik**, telewizor i meblościanka. W **szafeczkach** kuchennych są nawet **talerzyki** i **filiżaneczki**. Właśnie gotuję **obiadek** dla moich **laleczek**.

6
1. rodziny, 2. kuchnia, 3. pokoje, 4. willa, 5. dom

7
Nasza ciocia Halina zawsze daje **nam** dużo prezentów. Na przykład, jak przeprowadziliśmy się do nowego mieszkania, to ciocia podarowała **mi** obraz, lodówkę i telewizor, a ja byłem tak zajęty, że **jej** nawet nie podziękowałem. Bardzo **nam** było potem przykro. Czy wasza ciocia też **wam** robi takie prezenty? Czy wszystko **tobie/ci** się zawsze podoba?

8
1. zadowolony, 2. chory, 3. zepsuty, 4. śpiący, 5. centralne, 6. zmęczona, 7. dzikie

9
Nowe mieszkanie Heńka i Oli bardzo podoba się **mojej siostrze Kasi**. Mąż Kasi, Antek i brat Heńka, pomagali **Heńkowi** i **Oli** w przeprowadzce. W tym mieszkaniu **Antkowi** najbardziej podoba się duży pokój dzienny, a **bratu** Heńka, podoba się bardziej praktyczna kuchnia.

10
2. Marynie. 3. Rodzicom. 4. Tym paniom. 5. Grażynie. 6. Beacie. 7. Bartoszowi. 8. Tej pani. 9. Leszkowi. 10. Dzieciom. 11. Dance. 12. Naszym gościom.

11
Mögliche Lösung:
2. Co Agnieszka zrobiła do jedzenia?
3. Komu Jurek podał talerz z kanapkami?
4. Co Agnieszka musi oddać sąsiadom?
5. Kto pomagał w przeprowadzce?
6. Co Agnieszka przygotowała do picia?

12
2. **Życzymy naszym kolegom** „Wesołych Świąt"!
3. **Musimy** pożyczyć **naszym sąsiadom krzesła**.
4. Często **pomagamy naszym synom**.
5. **Naszym dzieciom** bardzo **podobają** się **te książki**.
6. **Chcielibyśmy** dać **te kwiaty waszym koleżankom**.
7. Dlaczego **daliście waszym kolegom** te pieniądze?

13
A: Dzień dobry! To ja, Agnieszka. Wiesz, wczoraj przeprowadziliśmy się do naszego **domu**. Może wpadniesz do nas **jutro** po południu na kawę? Pokażemy ci nasze nowe **meble** i w ogóle cały dom.
Pani K: Chętnie. Bardzo jestem **ciekawa**, ale co ja wam przyniosę? Wiem, że wasz **telewizor** jest zepsuty, ale to trochę za drogi prezent. Właściwie to chciałam wam kupić **dywanik** do **sypialni**. Co wy na to?
A: Świetnie, ale kupimy go **razem**, dobrze? No to na razie! Cześć!
Pani K: Pa, do widzenia!

14
Lösungswort: mieszkanie
1. dom, 2. prysznic, 3. fotel, 4. stół, 5. wazon, 6. okno, 7. lampa, 8. wanna, 9. biurko, 10. krzesło

15
Mögliche Lösung: 1. Komu pan Kwiatkowski dał te pieniądze? 2. Marysia kupiła koleżance nową lampę do nowego mieszkania. 3. Chcielibyśmy mieć domek z ogródkiem. 4. Możesz mi pożyczyć trochę pieniędzy? 5. Ile wynosi czynsz? 6. Musimy kupić nową lodówkę, bo stara jest zepsuta. 7. Studenci mieszkają chętniej w centrum niż na peryferiach. 8. Po przeprowadzce byliśmy wszyscy zmęczeni i głodni. 9. Sytuacja mieszkaniowa w miastach jest trochę lepsza niż na wsi. 10. Chce mi się pić. Mogę dostać coś do picia?

14 Co robimy dziś wieczorem?

1

Mögliche Lösung:

aktywny sport: grać w koszykówkę, grać w piłkę nożną, uprawiać aerobik, grać w tenisa, pływać, pływać na desce surfingowej, żeglować, biegać, uprawiać gimnastykę

kulturalne hobby: grać na pianinie, słuchać muzyki, zwiedzać zabytki, chodzić do teatru, czytać książki, uczyć się języków obcych

inne: surfować w Internecie, łowić ryby, grać w szachy, gotować, wędrować po górach, oglądać telewizję, grać w karty, sprzątać, chodzić do kina, pracować w ogrodzie

2

1. łyżworolki, 2. szachy, 3. robić zakupy, 4. chodzić na spacery, 5. grać w piłkę, 6. języki obce

3

Ja bardzo często **gram z** moimi synami w piłkę. Oprócz tego wszyscy w naszej rodzinie **gramy na** jakimś instrumencie muzycznym: moja żona **gra na** gitarze, nasi synowie **grają na** pianinie, a ja **gram na** klarnecie. Czasem, wieczorami **gramy** wszyscy **w** karty, albo idziemy do klubu sportowego, gdzie **gramy w** siatkówkę.

4

Aneta: grała w piłkę, spała, była w kinie, wędrowała po górach i tańczyła w dyskotece

Marian: grał w piłkę, czytał książkę, był w kinie, wędrował po górach i tańczył w dyskotece

5

Individuelle Lösung

6

1. wszystko, 2. Wszystkie, 3. Wszystkie, 4. Wszystkie, 5. Wszyscy, 6. wszystkie, 7. wszystko, 8. wszystkie, 9. Wszystkie, 10. wszystkie, 11. Wszyscy, wszystkie, 12. Wszystkie, 13. wszystkie, 14. wszystkie

7

2. żadnego, 3. Żadna, 4. żadnych, 5. Żadne, 6. żadna, 7. żadnym, 8. żadną, 9. Żaden, 10. żadnych

8

2. Nikt, 3. Nikogo, 4. nikim, 5. nikomu, 6. Nikt, 7. nikt

9

Krystian nie ma **żadnych** problemów. Od lat pracuje w tej samej firmie, ale w pracy właściwie nie zna **nikogo** i jego też **nikt** nie zna. **Nikogo** to nie dziwi, bo Krystian z **nikim** nie rozmawia. Krystian **nigdy nigdzie** nie wyjeżdża, nie chodzi na **żadne** koncerty i nie ma **żadnych** kolegów. W domu **nic** nie robi, bo go **nic** nie interesuje. Nie gra też na **żadnym** instrumencie i nie uprawia **żadnego** sportu. Co to za życie?

10

2. Nigdy nie piję na śniadanie kawy. 3. Nigdzie nie jest brudno. 4. On nigdy długo nie pracuje. 5. Nic nie jest gotowe. 6. My nigdy nie spędzamy wakacji w górach. 7. Oni nigdy nie jedzą kolacji w restauracji.

11

● Cześć kochanie! ● Tak, jaką? ● Nie, powiedz mi teraz proszę. ● To wspaniale! Bardzo się cieszę. Kiedy? ● Świetnie! No to na razie, pa!

12

Droga Ewo! Kochany Zbyszku! Kochana Mamo! Kochana Mamusiu! Kochany Tato! Droga Ciociu!

Drogi Bracie! Kochany Jacku! Kochany Wujku! Kochana Zosiu!

13

2. Agato, 3. Moniko, 4. Przemku, 5. Janku, 6. Adamie, 7. Basiu, 8. Zdzićku

14

2. mamy +e, 3. ma +b, 4. mają +c, 5. mam +g, 6. masz +f, 7. macie +h, 8. mają +a

15

Ostatnio coraz więcej ludzi myśli o tym, żeby przeprowadzić się z miasta na **wieś**. Życie na wsi to nie tylko czyste **powietrze**, spokój, świeże jajka i owoce, ale też ciężka praca w **gospodarstwie**. Młodzi rolnicy często zaczynają hodować kury, **króliki**, gęsi albo świnie. Inni wolą specjalizować się w ekologicznej uprawie **warzyw** i owoców, a jeszcze inni zakładają **agroturystyczne** gospodarstwa. Tak czy inaczej, mieszkanie i praca na wsi stają się coraz bardziej popularne.

16

2. swojego, 3. swoją, 4. swoją, 5. swoje, 6. swój, 7. swoich, swoje

17
Wczoraj Jarek spotkał się ze swoimi kolegami w mieście. Najpierw wszyscy postanowili iść do kina na jakiś ciekawy film. Po filmie chłopcy byli bardzo głodni i chcieli coś zjeść. Ich ulubiona chińska restauracja była akurat zamknięta, więc tym razem zjedli kolację w gospodzie „U Wojciecha". Po kolacji, o godzinie dwudziestej drugiej, nikt nie miał ochoty iść do domu. Chociaż było już bardzo późno, wszyscy poszli jeszcze do klubu studenckiego „Pod Jaszczurami", gdzie siedzieli przy piwie i dobrej muzyce do rana.

18
Lotnisko w Warszawie nazywało się kiedyś **„Okęcie"**, a teraz **nazywa** się Port Lotniczy imienia Fryderyka Chopina. Fryderyk Chopin napisał dwa koncerty na **fortepian** i **dużo** innych utworów fortepianowych, jak na przykład mazurki, polonezy, nokturny, walce i etiudy. Każdego roku **w Żelazowej Woli** od maja do września odbywają się **koncerty**, które cieszą się dużą popularnością. Żelazowa Wola, to wieś, **gdzie** urodził się F. Chopin. Jest ona oddalona tylko 45 kilometrów od **Warszawy**.

19
Możliwa Lösung: 1. Nie mam nic. 2. Mietek kocha swojego kotka. 3. Chciałbyś mieszkać na wsi? 4. Daniel nie zna tutaj nikogo. 5. Paulina nie ma w ogóle żadnych pieniędzy. 6. Co ja mam dzisiaj robić 7. O Krzysztofie Pendereckim nie wiem nic. 8. Hania chodzi często do kina, a ty? 9. Lubisz niespodzianki? 10. Koncert zaczyna się za godzinę. 11. Możesz wszystko zabrać. 12. Ania i Marcin lubią swój duży ogród na wsi.

15 Co przyniesie przyszłość?

1
2. praca, 3. studia, 4. wyjazd, 5. gra, 6. start

2
1. będzie, 2. będziesz, 3. będą, 4. będziecie, 5. będzie, 6. będziemy, 7. będę, 8. będzie

3
1. Miasta partnerskie będą organizować/organizowały wspólne imprezy sportowe. 2. Rolnicy będą korzystać/korzystali z różnych dotacji. 3. Firmy budowlane będą budować/budowały nowe autostrady. 4. Policja będzie starać/starała się o bezpieczeństwo w całej Europie. 5. Studenci będą dostawać/dostawali stypendia w innych krajach. 6. Będziemy współpracować/współpracowali z różnymi zagranicznymi firmami ubezpieczeniowymi.

4
2. Będziemy chodzili/chodziły na kurs polskiego. 3. Gdzie będziecie studiowali/studiowały w przyszłym roku? 4. Co będziesz robił/robiła na wakacjach? 5. W Anglii będę opiekował/opiekowała się małymi dziećmi. 6. Samoloty będą startowały punktualnie. 7. Moja koleżanka będzie jutro cały dzień urządzała mieszkanie.

5
Individuelle Lösung

6

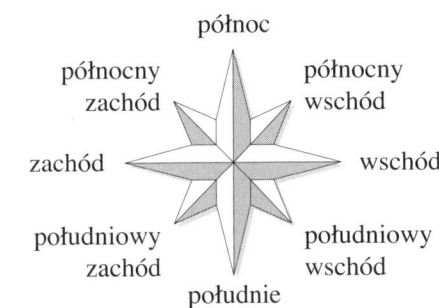

7
Jutro będzie padać na południu Polski. W górach będzie cieplej niż nad morzem. W nocy będzie 14 stopni.

8
2. Robert będzie pracować/pracował we Francji. 3. Przemek będzie studiować/studiował w Austrii. 4. Ja będę zwiedzać/zwiedzał/zwiedzała muzea w Polsce. 5. Moi rodzice będą spędzać/spędzali urlop we Włoszech. 6. Moja córka będzie mieszkać/mieszkała w Niemczech.

9
Możliwa Lösung:
Wiosna: marzec, kwiecień, maj
Lato: czerwiec, lipiec, sierpień
Jesień: wrzesień, październik, listopad
Zima: grudzień, styczeń, luty

10
W Polsce **zimy** są długie i bardzo zimne. **Temperatura** spada nawet do minus 35°C. Najpiękniejszą porą **roku** jest wiosna. Dni są coraz **cieplejsze** i dłuższe. W lecie jest bardzo **gorąco**. Piękną porą roku jest **jesień**. Można

wtedy zbierać grzyby. Jest ciepło, ale noce są już zimne. W listopadzie często jest **mgła**, wieje zimny **wiatr** i czasem nawet **pada śnieg**.

11
Halina spędza urlop w **górach**, w **Zakopanym**. Jest **zima**. Pogoda jest **piękna**. Halina chce się spotkać z koleżanką w **kawiarni** na **Starym Mieście**.

12
1. Drugiego grudnia mam imieniny. 2. Dzisiaj jest czwarty lutego. 3. W marcu pojedziemy na narty. 4. Wiosna to najpiękniejsza pora roku. 5. Ela ma urodziny trzeciego czerwca.

13
2, 3 und 6: Individuelle Lösung,
4. Dwudziestego czwartego grudnia.
5. Dwudziestego pierwszego marca.

14
1. Jutro będę uczyć/uczył/uczyła się polskiego.
2. Jutro będę robić/robił/robiła zakupy.
3. Jutro będę zwiedzać/zwiedzał/zwiedzała Stare Miasto. 4. Jutro będę kąpać/kąpał/kąpała się w morzu. 5. Jutro będę długo spać/spał/spała. 6. Jutro będę opalać/opalał/opalała się.
7. Jutro będę gotować/gotował/gotowała bigos.
8. Jutro będę jeść/jadł/jadła tylko owoce.
9. Jutro będę urządzać/urządzał/urządzała nasz nowy dom. 10. Jutro nie będę mieć/miał/miała czasu.

15
Mögliche Lösung: 1. W sierpniu będziemy mieć praktykę w firmie polsko-niemieckiej.
2. Wymiana studentów jest bardzo ważna w kontaktach z innymi krajami. 3. Jarek będzie studiował za granicą. 4. W lecie czasami są silne burze. 5. Kiedy musisz podpisać umowę?
6. Który jest dzisiaj? 7. Kasiu, zobacz jakie szare niebo! Może będzie padać śnieg.
8. Jesienią jest często pochmurno.
9. Czy będzie dzisiaj padać? 10. W przyszłym tygodniu będzie bardzo ciepło. 11. Jaka brzydka pogoda! Cały dzień pada deszcz.
12. W Tatrach we wrześniu często pada śnieg.
13. Jutro po południu będzie w górach burza.
14. Nie martw się, wszystko będzie dobrze.

Powtórka 5

1
1. często, 2. nudno, 3. ciasno, 4. na rowerze

2
1. centrum, 2. wsi, 3. zajęte, 4. ciepło/gorąco, 5. muzyka rozrywkowa, 6. krótko, 7. nikt

3
1. urządzać, 2. mieszkać, 3. pomagać, 4. oglądać, 5. chodzić, 6. spędzać, 7. uprawiać

4
1. gęś, 2. śnieg, 3. gimnastyka, 4. siłownia, 5. jabłka, 6. lipiec, 7. kontakty towarzyskie, 8. stadion sportowy, 9. rencista, 10. słońce

5
2. Ten fotel jest wygodniejszy niż tamten.
3. Ta szafka jest mniejsza niż tamta.
4. To krzesło jest droższe niż tamto.
5. To łóżko jest większe niż tamto.

6
2. Będziesz mieć/miał/miała czas w przyszłym tygodniu? 3. Kiedy będziesz robić/robił/robiła prawo jazdy? 4. Będziecie żeglować/żeglowali/żeglowały na wakacjach w przyszłym roku? 5. Kiedy Leszek będzie mieć/miał nareszcie wolne?

7
Pan Tomek mieszka razem ze **swoją** żoną Anią w centrum Bydgoszczy, a **jego** ojciec mieszka na wsi. Tomek często odwiedza **swojego** ojca. Wczoraj Tomek przyjechał do niego **swoim** nowym samochodem. „Zobacz, to **moje** nowe auto, nieźle co?" „Wspaniałe! **Mój** stary samochód jest niestety zepsuty. Chodź do mieszkania, pokażę ci, co ja **sobie** kupiłem." Ojciec Tomka pokazał synowi nowe meble w sypialni: „ To jest **moje** nowe łóżko, a to nowy koszyk dla **mojego** kotka, Filutka".

8
2. Mam iść na kurs jogi? 3. Mam posprzątać garaż? 4. Mam zaparkować sanochód przed domem? 5. Mam wypełnić ten formularz?
6. Mam zapłacić rachunek? 7. Mam kupić te dżinsy? 8. Mam iść na zabawę do Zbyszka?

9
2. My nigdy nie oglądamy rano telewizji.
3. Oni nigdy nie podróżują samolotem. 4. Ja nigdy nie pracuję w niedzielę. 5. Agnieszka nigdy nie śpi po południu. 6. Mój mąż nigdy nie je śniadania. 7. Pan Wróbel nigdy nie

płaci rachunków. 8. My nigdy nie spędzamy wakacji na wsi. 9. Ja nigdy nie kupuję w tym sklepie. 10. Halinka i Gosia nigdy nie piją piwa. 11. Wiesiek nigdy nie chodzi z psem na spacer.

10

1. Dzisiaj w całej Polsce będzie **pochmurno**. 2. Nad morzem będzie trochę **zimniej** niż w górach. 3. Tylko w Warszawie będzie rano **padać deszcz**. 4. Na południu kraju będzie **wiał** zimny **wiatr**.

11

1. Dwudziestego drugiego lutego tysiąc osiemset dziesiątego roku. 2. Siódmego listopada tysiąc osiemset sześćdziesiątego siódmego roku. 3. Dwudziestego dziewiątego września tysiąc dziewięćset czterdziestego trzeciego roku. 4. Dwunastego września tysiąc dziewięćset dwudziestego pierwszego roku. 5. Trzeciego grudnia tysiąc dziewięćset siedemdziesiątego siódmego roku. 6. Osiemnastego sierpnia tysiąc dziewięćset trzydziestego trzeciego roku. 7. Osiemnastego maja tysiąc dziewięćset dwudziestego roku. 8. und 9.: Individuelle Lösung

12

Mögliche Lösung:
1. W naszym nowym mieszkaniu nie mamy jeszcze żadnych mebli. 2. W tym domu nikt nie mieszka. 3. Alicja chciałaby kupić mieszkanie w Polsce. 4. Jędrek spędza dużo czasu przed telewizorem. 5. Szkoda, że ciebie dzisiaj nic nie interesuje. 6. Hanka chce schudnąć i dlatego chodzi codziennie na siłownię. 7. Kaja i Ania nie uprawiają żadnego sportu. 8. W nocy wszystkie koty są czarne. 9. Jaka będzie jutro pogoda? 10. W przyszłym roku w październiku przeprowadzimy się do Berlina.

13

1. kwiecień, 2. mgła, 3. kotek, 4. fortepian, 5. czas, 6. lato, 7. wiatr, 8. północ, 9. zima, 10. kanapa, 11. chmura, 12. luty, 13. koncert, 14. kuchnia, 15. niebo, 16. zachód, 17. stolik

Alphabetische Wortliste

Abkürzungen

m	maskulin	*PF*	Personalform	*Akk*	Akkusativ	*AB*	Arbeitsbuch
f	feminin	*Präp*	Präposition	*Lok*	Lokativ	*LuL*	Land und Leute
Pl	Plural	*Gen*	Genitiv	*Instr*	Instrumental	*Pe*	Polen erlesen
n	neutral	*pf*	perfektiv	*SF*	Sachform	*SuA*	Schrift und Aussprache
ipf	imperfektiv	*ugs*	umgangssprachlich			*G*	Grammatik

- Neben dem polnischen Begriff stehen die Lektion und die Aktivität (Übung), in der der Begriff erstmals auftaucht.
- Die Sonderzeichen werden unter dem entsprechenden Grundbuchstaben aufgeführt (z.B. ł → l).
- Bei den Substantiven findet sich der Hinweis, ob sie maskulin, feminin oder neutral sind. Bei maskulinen Substantiven wird immer die Genitiv-Form genannt. Bei unregelmäßigen Pluralbildungen der Substantive sind auch die Plurale angegeben.
- Die Verben sind als perfektiv oder imperfektiv gekennzeichnet. Außerdem sind die Formen der ersten und zweiten Person Singular angegeben (Konjugationsmuster). Bei unregelmäßiger Konjugation wird die vollständige Form der 1. und 2. Person Singular aufgeführt.
- Für Adjektive wurden zusätzlich die Endungen feminin und neutral im Nominativ Singular aufgenommen.
- Bei Präpositionen wird der Kasus angegeben.

a *(gegenüberstellend)* **1** 2a — und
abonament *m* abonamentu **14** 2d — Abonnement
absolutnie **14** 5a — völlig
ach! **7** AB4 — ach!
administracja europejska *f* **8** LuL — europäische Verwaltung
adres *m* adresu **8** 3a — Adresse
adresowany, -a, -e **15** Pe — adressiert
Adriatyk *m* Adriatyku **Quiz** — Adria
aerobik *m* aerobiku **14** 1c — Aerobik
agroturystyczny, -a, -e **12** Pe — agrotouristisch (Ferien auf dem Bauernhof)
aha! **2** 2a — ach! ach so!
akademia *f* **12** 2a — Akademie
akademik *m* akademika **8** 2a — Studentenwohnheim
akcesja *f* **15** Pe — Beitritt
aktualnie **9** 3a — aktuell
aktywnie **12** 3b — aktiv
aktywny, -a, -e **12** Pe — aktiv
akumulator *m* akumulatora **11** 4a — Batterie
akurat **6** 2a — genau, gerade eben
albo **7** 4a — oder
album *m* albumu **6** 1a — Album
ale **3** 2c — aber
aleja *f* **2** LuL — Allee
alergik *m* alergika **10** 3b — Allergiker
alkohol *m* alkoholu **10** Pe — Alkohol
alkoholowy, -a, -e **5** 2b — alkoholisch
Alpy *Pl* **Quiz** — Alpen
amerykański, -a, -ie **14** 4b — amerikanisch
analityk rynku *m* **9** 1b — Marktanalytiker
ananas *m* ananasa **7** 4a — Ananas
andrzejki *Pl* **16** 3 — St. Andreas-Fest
Angielka *f* **8** 3b — Engländerin
angielski, -a, -ie **4** 3a — englisch
Anglia *f* **15** 2c — England
Anglik *m* Anglika **8** 3b — Engländer
anglistyka *f* **9** 2a — Anglistik
aniołek *m* aniołka **16** 1a — Engelchen
ankieta *f* **11** 2a — Umfrage
antybiotyk *m* antybiotyku **10** AB6 — Antibiotikum
apteczka *f* **11** Pe — Verbandskasten
apteka *f* **1** 4a — Apotheke
architekt *m* architekta **9** 1b — Architekt
aromat rumowy *m* **16** 2d — Rum-Aroma
artykuł *m* artykułu **7** 1c — Artikel
artysta *m* artysty **12** 1b — Künstler
asortyment *m* asortymentu **7** 3a — Sortiment
aspiryna *f* **7** 1a — Aspirin
asystentka *f* **9** AB2 — Assistentin
Atlantyk *m* Atlantyku **Quiz** — Atlantik
atmosfera *f* **5** 1a — Atmosphäre
atrakcja *f* **12** 1b — Attraktion
atrakcyjny, -a, -e **9** 2a — attraktiv
au! **10** 3b — au!
audycja *f* **14** 5b — Sendung
Austria *f* **1** 3a — Österreich
austriacki, -a, -ie **8** 3a — österreichisch
Austriaczka *f* **8** 3b — Österreicherin
Austriak *m* Austriaka **8** 3b — Österreicher
auto *n* **1** SuA — Auto
autobus *m* autobusu **1** SuA — Bus

A

autobus przelotowy *m* **11** 3a	Schnellbus
autobusowy, -a, -e **7** 3c	Bus-
autostrada *f* **11** Pe	Autobahn
Azja *f* **10** 2a	Asien
babcia *f* **8** 1b	Großmutter
babka wielkanocna *f* **16** 2a	Osternapfkuchen
bać się *ipf* boję, boisz **12** 2c	sich fürchten
badanie *n* **14** 2a	Untersuchung
baleron *m* baleronu **7** 4a	Kasseler ohne Knochen
balet *m* baletu **14** 3c	Ballett
balkon *m* balkonu **13** 1a	Balkon
balon *m* balonu **11** AB4	Ballon
Bałtyk *m* Bałtyku **12** 1a	Ostsee
bałwan *m* bałwana **16** 1a	Schneemann
banan *m* banana **1** SuA	Banane
bandaż *m* bandaża **7** 1a	Binde, Verband
bania *f* **16** 2d	Kürbisflasche
bank *m* banku **1** SuA	Bank
bankiet *m* bankietu **5** 1a	Bankett, Empfang
bar *m* baru **5** LuL	Bar
bardziej **10** 1c	mehr
bardzo **1** 2a	sehr
Bardzo mi miło! **1** 2a	Sehr angenehm!
Bardzo mi przykro. **3** 3b	Das tut mir sehr Leid.
barokowy, -a, -e **12** 2a	barock
barszcz *m* barszczu **5** 2a	Rote-Be(e)te-Suppe
basen *m* basenu **3** 1a	Schwimmbad
bateria *f* **7** 3c	Batterie
Bawaria *f* **15** 2d	Bayern
bawić się *ipf* -ię, -isz **14** 5c	spielen
bazar *m* bazaru **12** 1b	(Wochen)markt
benzynowy, -a, -e **2** 1a	Benzin-
Berlin *m* Berlina **1** 3b	Berlin
Beskidy *Pl* **11** 3a	Beskiden
Betlejem *n* (*bleibt unverändert*) **16** 1i	Bethlehem
betlejemski, -a, -e **16** 1d	Bethlehem-
bez *Präp + Gen* **4** SuA	ohne
bezalkoholowy, -a, -e **5** 2b	alkoholfrei
bezmięsny, -a, -e **5** 2b	vegetarisch
bezpieczeństwo *n* **15** 1a	Sicherheit
bezpośredni, -ia, -ie **12** Pe	direkt
bezrobotny, -a, -e **9** 3a	arbeitslos
biało **8** G	weiß
biały, -a, -e **5** 2b	weiß
biedny, -a, -e **12** 2c	arm
biegać *ipf* -am, -asz **14** 1a	laufen, joggen
Bieszczady *Pl* **12** 4a	Bergkette in Polen
bigos *m* bigosu **5** 2a	Fleischgericht mit Sauerkraut
bilet *m* biletu **6** 1a	Fahrkarte, Eintrittskarte
biotechnologia *f* **8** 3a	Biotechnologie
bita śmietana *f* **5** 2b	Schlagsahne
biuro maklerskie *n* **9** 5a	Maklerbüro
biuro *n* **1** SuA	Büro
biurowy, -a, -e **9** 2a	Büro-
błękit *m* błękitu **12** Pe	Azur, Himmelblau
bliski, -a, -ie **8** AB10	nah
blisko **11** 2a	nah
bluzka *f* **7** 6c	Bluse
bo **6** 3a	weil
bóbr *m* bobra **12** 4a	Biber
bocian *m* bociana **12** 4a	Storch
boczek *m* boczku **7** 4a	Speck
boczny, -a, -e **11** Pe	Seiten-
Bóg *m* Boga **9** SuA	Gott
bogaty, -a, -e **10** Pe	reich
bok *m* boku **10** 1a	Seite
ból *m* bólu **10** 3c	Schmerz
boleć *ipf* boli **10**	wehtun
bombka *f* **16** 1a	Weihnachtskugel
bombonierka *f* **6** 1a	Pralinenschachtel
bowiem **13** Pe	nämlich
Boże Narodzenie *n* **15** AB13	Weihnachten
brać *ipf* biorę, bierzesz **11** G	nehmen
brak *m* braku **14** 2b	Fehlen, Mangel
brakować *ipf* -uję, -ujesz **14** 5a	fehlen
brat *m* brata, bracia **2** 3a	Bruder
brązowy, -a, -e **7** 5a	braun
broda *f* **10** 1a	Kinn
brudno **14** AB10	schmutzig
brudny, -a, -e **3** 3b	schmutzig
brutto *n* **9** SuA	brutto
bryczka *f* **12** Pe	Pferdegespann
brydż *m* brydża **5** SuA	Bridge (Kartenspiel)
brytyjski, -a, -ie **8** 3a	britisch
brzuch *m* brzucha **10** 1a	Bauch
brzydki, -a, -ie **15** 1b	hässlich
budowa *f* **9** 2c	Bau
budować *ipf* -uję, -ujesz **12** 2b	bauen
budowlany, -a, -e **9** 2a	Bau-
budownictwo *n* **13** 3a	Bauwesen, Bauweise
budynek *m* budynku **12** 1b	Gebäude
budzić się *ipf* -ę, -isz **15** 3c	erwachen
bujać w obłokach **14** Pe	in den Wolken schweben
bukiet *m* bukietu **6** 1b	Blumenstrauß
bułka *f* **4** 1a	Brötchen
buraczek *m* buraczka **5** 2b	kleine Rote Bete
buraczki z chrzanem *Pl* **5** 2b	Rote Bete mit Meerrettich
burak *m* buraka **5** 5a	Rote Bete
bursztyn *m* bursztynu **7** 5a	Bernstein
bursztyniarz *m* bursztyniarza **9** LuL	Bernsteinschleifer
bursztynnik *m* bursztynnika **9** LuL	Bernsteinschleifer
burza *f* **15** 2a	Gewitter
butelka *f* **7** 4b	Flasche
być **1** 2a	sein
cały, -a, -e **3** 2b	ganz
całymi dniami **12** 3b	tagelang
camping *m* campingu **12** AB14	Camping
cateringowy, -a, -e **5** 1a	Catering-
cebula *f* **5** 2b	Zwiebel
celnik *m* celnika **9** 1b	Zollbeamter
celny, -a, -e **15** 1a	Zoll-
celownik *m* celownika **13** 5c	Dativ

cena *f* 13 3a	Preis
cenić *ipf* -ię, -isz 14 5a	schätzen
cenny, -a, -e 12 1b	wertvoll
centralne ogrzewanie *n* 13 3a	Zentralheizung
centrum *n* 3 1a	Zentrum
Centrum Informacji Kulturalnej 2 4a	Kultur-Informationszentrum
Centrum Informacji Turystycznej 2 LuL	Informationszentrum für Touristen
Centrum Opieki Zdrowotnej 10 LuL	Gesundheitszentrum
chciałbym 3 2c	ich möchte
chcieć, -ę, -esz 4 2c	wollen
chęć *f* 10 5a	Lust
chętnie 7 LuL	gern
chiński, -a, -ie 4 3c	chinesisch
chleb graham *m* 7 LuL	Grahambrot
chleb *m* chleba 4 1a	Brot
chłopak *m* chłopaka 2 3a	Junge, Freund (eines Mädchens)
chłopiec *m* chłopca 15 5	Junge
chmura *f* 15 2a	Wolke
chociaż 10 4a	obwohl
chodnik *m* chodnika 15 5	Gehweg
chodzić *ipf* -ę, -isz 8 2a	gehen
choinka *f* 16 1a	Tannenbaum
chorować *ipf* -ę, -esz 8 AB 10	krank sein
chory, -a, -e 8 2a	krank
chrzan *m* chrzanu 5 2b	Meerrettich
chusteczka *f* 7 3c	Taschentuch
chusteczka higieniczna *f* 7 3c	Papiertaschentuch
chwileczka *f* 3 2a	Augenblick
chwilka *f* 11 2a	Augenblick
chyba 5 5a	vielleicht
ci *(PF)* 9 G	diese *(Pl)*
ciągle 8 2a	ständig
ciało *n* 10 1a	Körper
ciasno 13 4a	eng
ciasny, -a, -e 7 6b	eng
ciastko *n* 7 2a	ein Stück Kuchen
ciasto *n* 4 3a	Kuchen
cichy, -a, -e 13 3a	still
ciekawostka *f* 12 2c	interessante Information
ciekawy, -a, -e 16 3b	neugierig
ciemny, -a, -e 5 2b	dunkel
ciepły, -a, -e 3 3a	warm
cieszyć się *ipf* -ę, -ysz 12 4a	sich freuen
ciężki, -a, -ie 14 AB15	schwer
ciocia *f* 8 1a	Tante
ciśnienie krwi *n* 10 Pe	Blutdruck
ciśnienie *n* 10 Pe	Druck
cisza *f* 12 Pe	Stille
Co panu dolega? 10 3b	Was fehlt Ihnen?
Co słychać? 2 3a	Was gibt es?
co? 1 4a	was?
codziennie 6 3a	täglich
coraz większy 12 Pe	immer größer
córka *f* 4 3b	Tochter
coś 3 2a	etwas
cukier *m* cukru 4 1c	Zucker
CV (curriculum vitae) 9 2a	Lebenslauf
ćwierć *f* 7 4a	Viertel
cyrk *m* cyrku 14 3c	Zirkus
Cyrulik sewilski *m* 14 3c	Der Barbier von Sevilla
cytryna *f* 1 SuA	Zitrone
czapka *f* 10 AB3	Mütze
czarny, -a, -e 7 5c	schwarz
czarownica *f* 16 4b	Hexe
czas *m* czasu 6 4b	Zeit
czasami 11 1b	manchmal
czasem 6 3a	manchmal
czasopismo *n* 7 3a	Zeitschrift
czasownik *m* czasownika 11 1c	Verb
czekać *ipf* -am, -asz 10 4b	warten
czekolada *f* 6 1a	Schokolade
czekoladowy, -a, -e 5 2b	Schokoladen-
czereśnia *f* 7 4a	Kirsche
czerwiec *m* czerwca 15 3	Juni
czerwony, -a, -e 5 2b	rot
cześć 1 1a	grüß dich, hallo; tschüss
część *f* 10 1a	Teil
częściej 10 2a	öfter
często 6 SuA	oft
członkostwo *n* 15 1b	Mitgliedschaft
człowiek *m* człowieka, ludzie 9 AB16	Mensch
czosnek *m* czosnku 10 Pe	Knoblauch
czterdzieści 6 5a	vierzig
czternaście 3 2b	vierzehn
czternasty, -a, -e 9 3a	vierzehnter
cztery 2 2b	vier
czterysta 11 5a	vierhundert
czuć się *ipf* czuję, czujesz 10 3b	sich fühlen
czwartek *m* czwartku 6 4a	Donnerstag
czwarty, -a, -e 9 3a	vierter
czworo *(dzieci, drzwi, ludzie)* 7 G	vier *(Kinder, Tür, Leute)*
czy 2 2a	ob *(allgemeines Fragewort)*, oder
czyi *(PF)* 9 G	wessen *(Pl)*
czyj, czyja, czyje 3 2b	wessen
czyli 7 4a	also, das heißt
czym 8 2e	wofür, womit
czynność *f* 9 1d	Tätigkeit
czynsz *m* czynszu 13 3a	Miete
czysty, -a, -e 5 2b	klar, sauber
czytać *ipf* -am, -asz 6 2b	lesen
dać *pf* -am, -asz 9 2	geben
dach *m* dachu 14 4a	Dach
dalej 10 G	weiter
daleki, -a, -ie 10 G	weit
daleko 2 1b	weit
dalszy, -a, -e 10 G	weiter
danie *n* 5 2b	Gericht
dawać *ipf* daję, dajesz 11 G	geben
dawno 13 4a	vor langer Zeit
dbać *ipf* -am, -asz 10 AB18	sich kümmern

deka *n (bleibt unverändert)* **7** 4a	Dekagramm
dekagram *m* dekagrama **7** 4a	Dekagramm
demokracja *f* **Quiz**	Demokratie
denar *m* denara **3** LuL	Denar
denerwować *ipf* -uję, -ujesz **11** 2a	ärgern
dentysta *m* dentysty **10** 3a	Zahnarzt
deser *m* deseru **5** 2b	Dessert
deska surfingowa *f* **12** 3a	Surfbrett
deszcz *m* deszczu **14** AB4	Regen
dialog *m* dialogu **7** 1a	Dialog
dla *Präp + Gen* **5** 3b	für
dlaczego? **10** 2a	warum?
dlatego **7** 4a	darum
dłoń *f* **15** 5	Hand
długi, -a, -ie **2** 1c	lang
długo **3** 2a	lange
dłużej **10** 2a	länger
dłuższy, -a, -e **10** 1c	länger
do jedzenia **5** 2c	zum Essen
do jutra **1** 5a	bis morgen
do ostatniego gościa **5** 1a	bis zum letzten Gast
do picia **5** 2c	zum Trinken
do *Präp + Gen* **1** 5a	nach, zu, bis, in
do widzenia **1** 5a	auf Wiedersehen
do zobaczenia **6** AB7	auf Wiedersehen
dobranoc **1** 5a	gute Nacht
dobro *n* **16** 4a	Güte
dobry wieczór **1** 1a	guten Abend
dobry, -a, -e **1** 1a	gut
dobrze **2** 3a	gut
dodać *pf* -am, -asz **16** 2d	hinzugeben
dodatek *m* dodatku **5** 2b	Beilage, Zutat, Anhang
dodatkowo **16** 1g	zusätzlich
dokąd? **12** 1	wohin?
dokładny, -a, -e **8** 3a	genau
doktor *m* doktora **9** SuA	Doktor
dokument *m* dokumentu **11** 4b	Dokument
dolina *f* **12** 1b	Tal
dom *m* domu **5** AB14	Haus
dom studencki *m* **13** LuL	Studentenwohnheim
domek campingowy *m* **12** AB9	Campinghaus
domownik *m* domownika **13** Pe	Hausbewohner
domowy, -a, -e **13** Pe	Haus-
dopasować *pf* -uję, -ujesz **7** 1a	anpassen
doradca personalny *m* **9** 1b	Personalberater
doskonale **8** G	ausgezeichnet
doskonały, -a, -e **5** 3c	ausgezeichnet
dostać *pf* dostanę, dostaniesz **2** 2a	bekommen
doświadczenie *n* **9** 2a	Erfahrung
doświadczony, -a, -e **9** 2a	erfahren
dosyć **13** 5a	genug
dotacja *f* **15** 1a	Beihilfe
dowiedzieć się *pf* dowiem, dowiesz **16** 3b	erfahren
dowód rejestracyjny *m* **11** 4a	Fahrzeugschein
dozwolony, -a, -e **11** 4a	erlaubt
drewniany, -a, -e **7** 5a	hölzern, Holz-
droga *f* **11** Pe	Weg
drogi, -a, -ie **6** 2b	teuer
drogo **7** 5a	teuer
drogowy, -a, -e **11** 4a	Straßen-, Verkehrs-
drożdże *Pl* **16** 2d	Hefe
drożej **10** G	teurer
droższy, -a, -e **10** G	teurer
drugi, -a, -ie **9** 3	zweiter
drugie danie *n* **5** 3c	zweiter Gang, Hauptgericht
drzewo *n* **12** Pe	Baum
drzwi *Pl* **16** 1g	Tür
duch *m* ducha **10** 2a	Geist
Dunaj *m* Dunaju **Quiz**	Donau
dużo **5** 5a	viel
duży, -a, -e **3** 2c	groß
dwa **2** 2b	zwei
dwadzieścia **3** 2a	zwanzig
dwanaście **3** 2a	zwölf
dwie *(f)* **7** 2a	zwei
dwieście **11** 5a	zweihundert
dwoje *(dzieci, drzwi, ludzie)* **7** G	zwei *(Kinder, Tür, Leute)*
dwór *m* dworu **14** 3c	Gutshof
dworzec *m* dworca **11** 3	Bahnhof
dwudziesty, -a, -e **9** 3a	zwanzigster
dwunasty, -a, -e **9** 3a	zwölfter
dwurodzinny, -a, -e **13** 3a	Zweifamilien-
dynastia *f* **12** 2a	Dynastie
dyplom *m* dyplomu **15** Pe	Diplom
dyplomacja *f* **15** Pe	Diplomatie
dyrektor *m* dyrektora **1** SuA	Direktor
dyrygować *ipf* -uję, -ujesz **14** 4a	dirigieren
dyscyplina *f* **14** 2a	Disziplin
dyskoteka *f* **14** 2a	Disco
dywan *m* dywanu **13** 2a	Teppich
dżem *m* dżemu **4** 1a	Konfitüre
dżentelmen *m* dżentelmena **5** SuA	Gentelman
dziadek *m* dziadka **8** 1a	Großvater
dziadkowie *Pl* **8** 1b	Großeltern
dział personalny *m* **9** 2a	Personalabteilung
działać *ipf* -am, -asz **3** 3a	funktionieren, tätig sein
działanie *n* **10** Pe	Wirkung, Handeln
działka *f* **13** 3a	Grundstück
dziatwa *f (altpolnisch)* **16** 4d	Kinder
dziecięcy, -a, -e **8** 2a	Kinder-
dziecinny, -a, -e **13** 1a	kindlich, Kinder-
dziecko *n* dzieci **2** 3a	Kind
dziedzina *f* **15** 1a	Bereich
dzięki *(ugs)* **6** 2a	danke
dziękować *ipf* -uję, -ujesz **2** 1b	danken
dziękuję **2** 1b	danke
dzielić się *ipf* -ę, -isz **16** 1g	teilen
dzieło *n* **12** 1b	Werk

dzień dobry **1**	guten Tag
dzień *m* dnia, dni **1** 1a	Tag
dziennie **9** AB6	täglich
dziennik *m* dziennika **9** SuA	Tageszeitung, Tagesschau
dziennikarka *f* **9** 1b	Journalistin
dziennikarz *m* dziennikarza **9** AB15	Journalist
dzienny, -a, -e **13** 1a	Tages-
dziesiąty, -e, -a **9** 3a	zehnter
dziesięć **2** 4b	zehn
dziesięciolecie *n* **15** Pe	Jahrzehnt
dziewczyna *f* **2** 3a	Mädchen, Freundin
dziewiąty, -a, -e **9** 3a	neunter
dziewięć **2** 4b	neun
dziewięćdziesiąt **6** 5a	neunzig
dziewięćset **11** 5a	neunhundert
dziewiętnaście **3** 4a	neunzehn
dziewiętnasty, -a, -e **9** 3a	neunzehnter
dziki, -a, -ie **12** 1b	wild
dżinsy *Pl* **5** SuA	Jeans
dziś **6** 3a	heute
dzisiaj **5** 1b	heute
dziurawiec *m* dziurawca **10** LuL	Johanniskraut
dziurkacz *m* dziurkacza **9** 2a	Locher
dziwić *ipf* -ię, -isz **14** AB9	wundern
dzwonić *ipf* -ię, -isz **15** 5	läuten
edukacyjny, -a, -e **15** Pe	Bildungs-
ekologiczny, -a, -e **12** Pe	ökologisch
ekonomia *f* **8** LuL	Wirtschaftswissenschaft
ekorolnik *m* ekorolnika **12** Pe	Öko-Bauer
ekspedientka *f* **8** 2a	Verkäuferin
ekspert *m* eksperta **Quiz**	Experte
ekspresowy, -a, -e **11** 3a	Express-
elastyczny, -a, -e **7** 1a	elastisch
element *m* elementu **14** 3c	Element
e-mail *m* e-mailu/-a **9** 5f	E-Mail
emerytura *f* **8** 2a	Rente
etat *m* etatu **9** 2a	Planstelle, Etat
etiuda *f* **14** AB17	Etüde
euro *n* **2** SuA	Euro
Europa *f* **2** SuA	Europa
europeistyka *f* **8** LuL	Europawissenschaft
Europejczycy *(PF)* **10** 2a	Europäer *(Pl)*
Europejczyk *m* Europejczyka **10** 2a	Europäer
europejski, -a, -ie **2** SuA	europäisch
fabryka *f* **9** 2a	Fabrik
faktycznie **11** 4b	tatsächlich
fala *f* **16** 4d	Welle
fantastycznie **12** AB14	fantastisch
farmacja *f* **9** 2a	Pharmazie
fenomen *m* fenomenu **7** 3a	Phänomen
figura *f* **16** 3b	Figur
filharmonia *f* **14** 2d	Philharmonie
filiżanka *f* **4** 2a	Tasse
film *m* filmu **7** 3c	Film
filologia *f* **14** 4b	Philologie
fioletowy, -a, -e **7** 6a	lila
firma *f* **8** 2c	Firma
flaga *f* **Quiz**	Flagge
flisaczy, -a, -e **16** 4d	Flößer-
flisak *m* flisaka **16** 4d	Flößer
forma *f* **7** 2c	Form
formularz *m* formularza **8** 3	Formular
fortepian *m* fortepianu **14** Pe	Flügel, Klavier
fortepianowy, -a, -e **12** 1b	Klavier-
fotel *m* fotela **13** 2a	Sessel
fragment *m* fragmentu **13** 4b	Teil, Fragment
Francja *f* **1** 3b	Frankreich
francuski, -a, -ie **3** 2c	französisch
Francuz *m* Francuza **8** 3b	Franzose
Francuzka *f* **8** 3b	Französin
frytki *Pl* **5** 2b	Pommes frites
fryzjer *m* fryzjera **14** 3b	Friseur
fundusz *m* funduszu **15** 1a	Fonds
funkcjonować *ipf* -uję, -jesz **3** 3a	funktionieren, arbeiten
funkcjonowanie *n* **15** Pe	Funktionieren
furmanka *f* **11** Pe	Pferdewagen
gabinet *m* gabinetu **10** 3a	Arztzimmer
galareta *f* **16** 1g	Sülze
garaż *m* garażu **3** 1a	Garage
gardło *n* **10** 3b	Kehle, Hals
gazeta *f* **7** 3a	Zeitung
Gdańsk *m* Gdańska **1** AB12	Danzig
gdzie? **2**	wo?
geografia *f* **15** Pe	Erdkunde
geograficzny, -a, -e **12** 1a	geografisch
gęś *f* **14** 5c	Gans
gimnazjum *n* **15** Pe	Gymnasium
gitara *f* **1** SuA	Gitarre
głodny, -a, -e **13** 5a	hungrig
głos *m* głosu **16** 1i	Stimme
głowa *f* **10**	Kopf
godzina *f* **5** 1a	Stunde, Uhr
godzinami **12** 4b	stundenlang
godziny otwarcia *Pl* **14** LuL	Öffnungszeiten
godziny przyjęć *Pl* **10** 3a	Sprechstunden
gołąb *m* gołębia **15** 5	Taube
gonty *Pl* **13** LuL	Holzschindeln
góra *f* **10** 3b	Berg
gorąco **12** 3a	heiß
gorący, -a, -e **10** 3c	heiß
gorączka *f* **10** 3b	Fieber
górski, -a, -ie **12** 1b	Gebirgs-
gorszy, -a, -e **10** G	schlechter
gorzej **10** G	schlechter
gość *m* gościa **5** 1a	Gast
gościniec *m* gościńca **5** LuL	Wirtshaus
gospoda *f* **5** LuL	Wirtshaus
gospodarczy, -a, -e **15** 1a	Wirtschafts-
gospodarstwo *n* **12** Pe	Bauernhof
gotować *ipf* -uję, -ujesz **7** 5d	kochen
gotowanie *n* **8** 3a	Kochen
gotowy, -a, -e **14** AB10	fertig
gotycki, -a, -ie **12** 2a	gotisch
grać *ipf* -am, -asz **10** 1b	spielen
grafik komputerowy *m* **9** 1b	Computergrafiker
gramatyka *f* **8** AB9	Grammatik
granica *f* **15** 1b	Grenze
gratulacje *Pl* **6** 2	Glückwünsche

gratulować *ipf* -uję, -ujesz 13 4a	gratulieren
Grecja *f* 14 Pe	Griechenland
grejpfrutowy, -a, -e 4 1a	Grapefruit-
groch *m* grochu 16 1g	Erbse
grosz *m* grosza 3 LuL	Groschen, 1/100 Teil eines Zloty
grudzień *m* grudnia 15 3	Dezember
grupa *f* 14 1c	Gruppe
gryczany, -a, -e 5 2b	Buchweizen-
grypa *f* 10 3b	Grippe
grzyb *m* grzyba 9 SuA	Pilz
grzybowy, -a, -e 5 2b	Pilz-
gulasz *m* gulaszu Quiz	Gulasch
gwar *m* gwaru 15 5	Stimmengewirr
gwiazda *f* 15 5	Stern
hala targowa *f* 12 2a	Markthalle
Hamburg *m* Hamburga 1 AB4	Hamburg
hamulec *m* hamulca 11 4b	Bremse
handlowiec *m* handlowca 9 1b	Kaufmann
handlowy, -a, -e 9 2a	Handels-
Hanower *m* Hanoweru 1 AB10	Hannover
Hawana *f* 14 Pe	Havanna
Hej! 15 5	Hallo!
hejnał *m* hejnału 12 2c	Trompetenfanfare, Turmmelodie
helikopter *m* helikoptera 11 AB4	Hubschrauber
herbata *f* 4	Tee
herbatnik *m* herbatnika 4 3b	Keks
higieniczny, -a, -e 7 3c	hygienisch
hipoteczny, -a, -e 13 4a	Hypotheken-
historia *f* 15 Pe	Geschichte
Hiszpania *f* 15 2c	Spanien
hobby *n (bleibt unverändert)* 14 AB1	Hobby, Freizeitbeschäftigung
hodować *ipf* -uję, -ujesz 14 AB15	züchten
homeopatia *f* 10 LuL	Homöopathie
hotel *m* hotelu 1 SuA	Hotel
hotelowy, -a, -e 3 2c	Hotel-
i *(verbindend)* 1 3d	und
ich 2 G	ihre *(3. Pers Pl)*
igła *f* 16 3b	Nähnadel
ile 3 2a	wie viel
ilość *f* Quiz	Zahl
imię *n* imiona 2 G	Vorname
imieniny *Pl* 6 2a	Namenstag
imponujący, a-, -e Quiz	beeindruckend
impreza *f* 12 LuL	Veranstaltung, Party
inaczej 13 Pe	anders
informacja *f* 1 4a	Information
Informacja Turystyczna 2 LuL	Touristeninformation
informatyk *m* informatyka 8 2c	Informatiker
informatyka *f* 8 2c	Informatik
informować *ipf* -uję, -ujesz 12 LuL	informieren
inni *(PF)* 10 2a	andere
inny, -a, -e 7 3a	anderer
instrument *m* instrumentu 14 1a	Instrument
instytucja *f* 15 Pe	Institution
instytut *m* instytutu 15 1c	Institut
integracja *f* 15 Pe	Integration
intensywny, -a, -e 9 2a	intensiv
interesować się *ipf* -uję, -ujesz 8 2a	sich interessieren
interesujący, -a, -e 6 1b	interessant
Internet *m* Internetu 3 1	Internet
internetowy, -a, -e 9 2a	Internet-
internista *m* internisty 10 3a	Internist
inwestycja *f* 15 1a	Investition
inżynier *m* inżyniera 1 SuA	Ingenieur
iść *ipf* idę, idziesz 2 1b	gehen
iskra *f* 16 4d	Funke
itd. (i tak dalej) 7 5b	usw. (und so weiter)
ja 1 2a	ich
jabłko *n* 7	Apfel
jabłkowy, -a, -e 4 1b	Apfel-
jacy *(PF)* 9 G	was für welche *(Pl)*
jagoda *f* 5 2b	Blaubeere
jajecznica *f* 4 1a	Rührei
jajko *n* 4 1a	Ei
jak 1 2a	wie
Jak leci? 4 3a	Wie geht's?
jaki, jaka, jakie 3 2b	was für ein, was für eine
jakiś, jakaś, jakieś 7 3c	irgendein
jako 9 5f	als
jałowiec *m* jałowca 10 LuL	Wacholder
jantar *m* jantaru 9 LuL	Bernstein
jarmark *m* jarmarku 14 2a	Jahrmarkt
jarzyna *f* 10 2a	Gemüse
jarzynowy, -a, -e 7 4a	Gemüse-
jaskinia *f* 12 2c	Höhle
jaśniej 10 G	heller
jaśniejszy, -a, -e 10 G	heller
jasno 10 G	hell
jasny, -a, -e 5 2b	hell, klar
jaszczur *m* jaszczura 14 LuL	Echse
jazda *f* 14 2a	Fahrt, Reise
jazda konna *f* 12 4a	Reiten
jazda na rowerze *f* 10 Pe	Fahrradfahren
jazz *m* jazzu 14 AB2	Jazz
jechać *ipf* jadę, jedziesz 6 3a	fahren
jeden, jedna, jedno 2 4	eins
jedenaście 3 2b	elf
jedenasty, -a, -e 9 3a	elfter
jedna trzecia 13 Pe	ein Drittel
jednak 10 2a	jedoch
jednakowo 10 2a	gleich
jednorodzinny, -a, -e 13 3a	Einfamilien-
jedwabny, -a, -e 6 7e	Seiden-
jedzenie *n* 16 1g	Essen
jego 2 G	sein, seine
jej 2 G	ihr, ihre *(3. Pers. Sg)*
jemioła *f* 10 LuL	Mistel
jeść *ipf* -em, -esz 4 2d	essen
jesień *f* 14 LuL	Herbst
jeszcze 4 2b	noch

jeździć *ipf* jeżdżę, jeździsz **11** 1b	fahren
jeździć na rowerze **11** 1b	Fahrrad fahren
jeżeli **14** 2c	falls
jezioro *n* **12** 1b	See
język *m* języka **7** 3a	Sprache, Zunge
joga *f* **10** 2a	Yoga
jogging *m* joggingu **10** Pe	Joggen
jogurt *m* jogurtu **4** 2b	Joghurt
jubileuszowy, -a, -e **14** 4a	Jubiläums-
jutro **1** 5a	morgen
już **5** 3b	schon
kabaret *m* kabaretu **14** 4a	Kabarett
kaczka *f* **5** 2b	Ente
kajak *m* kajaka **12** 1b	Kajak
kamieniczka *f* **12** 1b	(Miets)haus
kanał *m* kanału **12** 1b	Kanal
kanapa *f* **13** 2a	Sofa
kanapka *f* **13** 5a	belegte Brotscheibe
kandydat *m* kandydata **9** 2a	Kandidat
kąpać się *ipf* -ię, - iesz **12** 3a	baden
kapuśniak *m* kapuśniaku **5** 2b	Krautsuppe
kapusta *f* **5** 2b	Kraut
kara *f* **14** 3c	Strafe
karczma *f* **5** LuL	Wirtshaus
Karkonosze *Pl* **Quiz**	Riesengebirge
karmić *ipf* -ię, -isz **12** Pe	füttern
karp *m* karpia **5** 2b	Karpfen
karta *f* **5** 2	Speisekarte, Spielkarte
karta kredytowa *f* **3** 1a	Kreditkarte
karta telefoniczna *f* **7** 3a	Telefonkarte
kartka *f* **12** 3a	Postkarte
kasa *f* **1** 4a	Kasse
kasza *f* **5** 2b	Grütze
kaszleć *ipf* -ę, -esz **10** 3b	husten
katar *m* kataru **10** 3b	Schnupfen
Katowice *Pl* **1** 3b	Kattowitz
kawa *f* **1** 4b	Kaffee
kawałek *m* kawałka **4** 3a	Stück
kawaler *m* kawalera **8** 3a	Junggeselle
kawiarnia *f* **12** 1b	Café
każdy, -a, -e **5** 5a	jeder
keks *m* keksu/-a **7** LuL	Biskuitkuchen mit Trockenfrüchten
kelner *m* kelnera **4** 1b	Kellner
kelnerka *f* **8** AB6	Kellnerin
kichać *ipf* -am, -asz **10** 5a	niesen
kiedy? **5** 1a	wann?
kiedyś **8** 2c	einmal, irgendwann
kiełbasa *f* **4** 1a	Wurst
kierowca *m* kierowcy **9** 1b	Fahrer
kierownik *m* kierownika **9** SuA	Leiter
kierpce *Pl* **7** 5d	Schuhe aus der Gegend von Zakopane
kierunek *m* kierunku **8** LuL	Richtung
kilim *m* kilimu **7** 5a	Wandteppich, Kelim
kilka **6** G	einige
kilo *n (bleibt unverändert)* **7**	Kilogramm
kilogram *m* kilograma **7** 4a	Kilogramm
kilometr *m* kilometra **11** 4a	Kilometer
Kim jest z zawodu? **8** 2a	Was ist er/sie von Beruf?
Kim jestem? **8**	Was/Wer bin ich?
kino *n* **5** AB14	Kino
kiosk *m* kiosku **7** 3	Kiosk
kiszona kapusta *f* **5** 2b	Sauerkraut
kiszony, -a, -e **5** 2b	in Salzlacke eingelegt
kłamstwo *n* **10** Pe	Lüge
klarnet *m* klarnetu **14** AB2	Klarinette
klasa *f* **11** 3c	Klasse
kłaść *ipf* kładę, kładziesz **11** G	legen
klient *m* klienta **7** 5c	Kunde
klocki hamulcowe *Pl* **11** 4b	Bremsbeläge
klub *m* klubu **14** AB3	Klub
kłuć *ipf* kłuję, kłujesz **10** 5a	stechen
klucz *m* klucza **3** 2a	Schlüssel
kluska *f* **5** 2b	Kloß, Kartoffelknödel
kochać *ipf* -am, -asz **1** SuA	lieben
kochany, -a, -e **10** 4a	lieb
kolacja *f* **5** 5a	Abendessen
kolano *n* **10** 1a	Knie
kolarstwo górskie *n* **14** 2a	Mountainbike fahren
kolęda *f* **16** 1c	Weihnachtslied
kolega *m* kolegi **2** 3a	Kollege, Freund
kolejny, -a, -e **9** 3b	folgender
kolejowy, -a, -e **11** 3	Bahn-
koleżanka *f* **2** 3b	Kollegin, Freundin
koło *Präp + Gen* **12** 4a	neben
kolor *m* koloru **7** 6	Farbe
kolorowy, -a, -e **16** 1a	bunt
kolumna *f* **12** 1b	Säule
komisariat policji *m* **9** 1e	Polizeidienststelle
komórka *f* **11** Pe	Handy, Kammer
kompakt *(ugs)* *m* kompaktu **6** 1a	CD
komponować *ipf* -uję, -ujesz **15** 5	komponieren
kompot *m* kompotu **16** 1g	Kompott
kompozytor *m* kompozytora **Quiz**	Komponist
komputer *m* komputera **1** SuA	Computer
komputerowy, -a, -e **8** 2c	Computer-Verkehr
komunikacja *f* **11** 2	
komunikat *m* komunikatu **11** 3a	Ansage
koń *m* konia **11** LuL	Pferd
koncert *m* koncertu **1** SuA	Konzert
końcówka *f* **9** 2c	Endung
kończyć się *ipf* -ę, -ysz **12** 3a	zu Ende gehen, beenden
kondycyjny, -a, -e **14** 4a	Konditions-
konferencja *f* **1** SuA	Konferenz
konferencyjny, -a, -e **9** AB7	Konferenz-
kongres *m* kongresu **9** 5b	Kongress
koniec *m* końca **15** 4d	Ende
koniecznie **10** 3b	unbedingt
konkurs *m* konkursu **14** LuL	Wettbewerb
konny, -a, -e **12** 4a	Pferde-

konsultantka finansowa *f* **9** 1b	Finanzberaterin
kontakt *m* kontaktu **12** Pe	Kontakt
konto *n* **9** 5c	Konto
kontrola *f* **11** 4a	Kontrolle
kontrolować *ipf* -uję, -ujesz **9** 1d	kontrollieren
kontynuować *ipf* kontynuuję, kontynuujesz **15** Pe	fortsetzen
kopać *ipf* -ię, -iesz **10** 1b	kicken
kopalnia *f* **12** 2a	Bergwerk
kormoran *m* kormorana **Quiz**	Kormoran
korzyść *f* **15** 1b	Vorteil
korzystać *ipf* -am, -asz **11** 2a	benutzen
korzystanie *n* **15** 1a	Nutzen
korzystny, -a, -e **10** 2a	günstig
kościół *m* kościoła **12** 1b	Kirche
Kościół Mariacki *m* **12** 2a	Marienkirche
kosmetyk *m* kosmetyku **6** 1a	Kosmetik
kosztować *ipf* -uję, -ujesz **3** 2a	kosten
koszula *f* **6** 1a	Hemd
koszulka *f* **7** 6c	T-Shirt
koszyczek *m* koszyczka **16** 2b	Körbchen
koszykówka *f* **14** 1c	Basketball
kot *m* kota **4** 3b	Katze
kotlet *m* kotletu **5** 2a	Kotelett
kotlet mielony *m* **5** 2b	Frikadelle
kotlet schabowy *m* **5** 2b	Schweinekotelett
koza *f* **12** Pe	Ziege
kozica *f* **12** 1b	Gämse
kraj *m* kraju **8** AB12	Land
krajobraz *m* krajobrazu **12** 1b	Landschaft
Kraków *m* Krakowa **1** 3a	Krakau
krawat *m* krawatu/-a **6** 1a	Krawatte
kredyt *m* kredytu **13** 4a	Kredit
krew *f* **10** Pe	Blut
krewny *m*, krewna *f* **8** 1c	Verwandte(r)
król *m* króla **12** 1b	König
królewski, -a, -ie **12** 1b	königlich
królik *m* królika **14** 5a	Kaninchen
krótki, -a, -ie **10** 1c	kurz
krótszy, -a, -e **10** 1c	kürzer
krowa *f* **12** Pe	Kuh
krupnik *m* krupniku **5** 2b	Graupensuppe
kryształowy, -a, -e **7** 5a	Kristall-
krzesło *n* **13** 2a	Stuhl
krzyk *m* krzyku **15** 5	Schrei
krzyżówka *f* **14** 2d	Kreuzworträtsel
książka *f* **6** 1a	Buch
księgarnia *f* **7** 1b	Buchhandlung
księgowa *f* **9** 1b	Buchhalterin
kształcenie *n* **15** Pe	Ausbildung
kto? **2** 3a	wer?
Która godzina? **9** 4	Wie viel Uhr ist es?
który, -a, -e **4** 3b	welcher
którzy *(PF)* **9** G	welche *(Pl)*
ktoś **16** 1g	jemand
kucharski, -a, -ie **7** 1a	Koch-
kuchenka *f* **13** 2a	Küchenherd
kuchenny, -a, -e **13** 2a	Küchen-
kuchnia *f* **3** 2c	Küche
kucyk *m* kucyka **14** 5a	Pony
kultura *f* **15** Pe	Kultur
kulturalny, -a, -e **14** 5a	kulturell, Kultur-
kupić *pf* -ię, -isz **6** 1	kaufen
kupować *pf* -uję, -ujesz **7** 2b	kaufen
kura *f* **12** Pe	Henne
kurczak *m* kurczaka **5** 2b	Hähnchen
kurs *m* kursu **6** 4a	Kurs
kurtka *f* **7** 6b	Jacke
kuzyn *m* kuzyna **8** 1a	Cousin
kuzynka *f* **8** 1a	Cousine
kuzynostwo *n* **8** 1b	Cousins und Cousinen
kwadratowy, -a, -e **13** Pe	Quadrat-
kwalifikacja *f* **9** 2b	Qualifikation
kwiat *m* kwiatu **4** 2a	Blume
kwiecień *m* kwietnia **15** 3	April
laborant *m* laboranta **9** 1b	Laborant
laboratorium *n* **9** 1e	Labor
lać *ipf* leję, lejesz **16** 3b	gießen
łączyć *ipf* -ę, -ysz **9** 5c	verbinden
ładnie **8** AB12	schön
ładniejszy, -a, -e **10** 1c	schöner
ładny, -a, -e **6** 2a	schön
lądować *ipf* -uję, -ujesz **14** Pe	landen
lalka *f* **13** AB5	Puppe
lampa *f* **3** 3a	Lampe
lampka wina **5** 2c	ein Glas Wein
lanie *n* **16** 3b	Gießen, Prügel
laryngolog *m* laryngologa **10** 3a	Hals-Nasen-Ohren-Arzt
las *m* lasu **10** 5a	Wald
lasso *n* **9** SuA	Lasso
latać *ipf* -am, -asz **11** 1b	fliegen
lato *n* **12** 1b	Sommer
łatwo **P3** 14	leicht
łazienka *f* **3** 1a	Badezimmer
lecieć *ipf* -cę, -cisz **11** 2c	fliegen
legenda *f* **12** 2c	Legende
Lek. med. (lekarz medycyny) **10** 3a	Arzt
lekarski, -a, -ie **9** 5b	ärztlich, Arzt-
lekarstwo *n* **10** 3b	Medikament
lekarz *m* lekarza **8** 2a	Arzt
lekcja *f* **15** Pe	Unterricht
lepiej **6** 1b	besser
lepszy, -a, -e **10** 2b	besser
letni ogródek *m* **12** 1b	Sommergarten, Biergarten
letni, -a, -ie **12** 1b	Sommer-
leżeć *ipf* leżę, leżysz **12** 3b	liegen
liczba *f* **3** 4	Zahl
lipiec *m* lipca **9** 5f	Juli
Lipsk *m* Lipska **1** 3b	Leipzig
list *m* listu **12** Pe	Brief
list motywacyjny *m* **9** 2a	Bewerbungsschreiben
lista *f* **7** 4b	Liste
listek *m* listka **16** 3b	Blatt
listopad *m* listopada **15** 3	November
litera *f* **12** Pe	Buchstabe

literatura *f* **14** 4b	Literatur	metr *m* metra **13** Pe	Meter
Lizbona *f* **14** Pe	Lissabon	metro *n* **11** 1a	Metro
lodowiec *m* lodowca **Quiz**	Gletscher	mężatka *f* **8** 3a	verheiratet
lodówka *f* **13** 2a	Kühlschrank	mgła *f* **15** 2a	Nebel
lody *Pl* **5** 2b	Speiseeis	mgr (magister) *m* magistra **9** 2a	Magister
lotniczy, -a, -e **14** LuL	Flug-	mi **1** 2a	mir
lotnisko *n* **11** 1a	Flughafen	miasto *n* **11** 2a	Stadt
łowić *ipf* -ię, -isz **12** 4a	fangen, angeln	mieć *ipf* mam, masz **3** 2a	haben
łóżeczko *n* **13** 2a	Kinderbett	mieć rację **7** 4a	Recht haben
łóżko *n* **10** 3b	Bett	między **15** 5	zwischen, unter
lubczyk *m* lubczyku **10** LuL	Liebstöckel	między sobą **8** 3c	untereinander
lubić *ipf* -ię, -isz **4** 3a	gern haben	międzyludzki, -a, -e **15** 1a	zwischenmenschlich
ludowy, -a, -e **Quiz**	Volks-	Międzyzdroje *Pl* **8** SuA	Polnischer Badeort am Meer
ludzie *Pl* **9** 1d	Leute		
ludzki, -a, -ie **15** 5	menschlich	miejscami **15** 2b	örtlich
luty *Adj* **15** 3	Februar	miejsce *n* **9** 3a	Platz
łyżeczka *f* **4** 2a	Teelöffel	miejsce zamieszkania *n* **9** 3b	Wohnort
łyżka *f* **4** AB4	Esslöffel	miejscówka *f* **11** 3c	Platzkarte
łyżworolki *Pl* **14** 1c	Rollerblades	miejscowość *f* **12** 1b	Ortschaft
ma *(ugs)* **10** 5a	meine	miejski, -a, -ie **11** 2a	Stadt-
Madonna *f* **9** SuA	Madonna	miękko **4** 1b	weich
magnetowid *m* magnetowidu **14** 5a	Videorekorder	mielony, -a, -e **5** 2b	gemahlen
		mieścić *ipf* mieszczę, mieścisz **12** 1b	enthalten
maj *m* maja **6** 4a	Mai	miesiąc *m* miesiąca **9** AB6	Monat
majonez *m* majonezu **7** 4a	Majonäse	miesięcznie **13** 3a	monatlich
mak *m* maku **7** 2a	Mohn	mięsny, -a, -e **5** 2b	Fleisch-
mąka *f* **16** 2d	Mehl	mięso *n* **5** 3d	Fleisch
makaron *m* makaronu **5** 2b	Nudeln	mieszkać *ipf* -am, -asz **8** 2a	wohnen
makler giełdowy *m* **9** 1b	Börsenmakler, Broker	mieszkanie *n* **9** 1d	Wohnung
		mieszkaniec *m* mieszkańca **10** 2a	Bewohner
makowiec *m* makowca **4** 3a	Mohnkuchen	migdał *m* migdała **16** 1g	Mandel
maksymalnie **11** Pe	maximal	milej **10** G	netter
maksymalny, -a, -e **Quiz**	maximal	milion *m* miliona **11** 5a	Million
malarz *m* malarza **Quiz**	Maler	miło **1** 2a	nett, angenehm
mało **5** 5b	wenig	miłość *f* **16** 3a	Liebe
mały, -a, -e **4** 3b	klein	milszy, -a, -e **10** G	netter
małżeństwo *n* **8** 1b	Ehepaar	miły, -a, -e **4** G	nett
mama *f* **1** SuA	Mama	mimo **15** 5	trotz
mandat *m* mandatu **11** 4a	Strafzettel	mineralny, -a, -e **4** 1b	Mineral-
mapa *f* **7** 3a	Landkarte	minimum *n* **9** 2a	Minimum
marchewka *f* **7** 4a	Karotte	minisupermarket *m* minisupermarketu **7** 3a	kleiner Supermarkt
marketingowy, -a, -e **15** 1b	Marketing-		
marmolada *f* **7** 2a	Marmelade	minus *m* minusa **2** 4d	minus
martwić się *ipf* -ię, -isz **15** 1b	sich Sorgen machen	minuta *f* **1** SuA	Minute
		miód *m* miodu **4** 1a	Honig
marzec *m* marca **15** 3	März	miska *f* **16** 3b	Schüssel
marzenie *n* **15** 5	Traum	mistrzostwa *Pl* **14** 4a	Meisterschaft
maskotka *f* **7** 3c	Maskottchen	mistrzyni *f* **9** 4b	Meisterin
masło *n* **4** 1a	Butter	mizeria *f* **5** 2b	Gurkensalat
matematyka *f* **8** AB5	Mathematik	mleczny, -a, -e **5** LuL	Milch-
mąż *m* męża **6** SuA	Ehemann	mleko *n* **4** 1b	Milch
mazurek *m* mazurka **14** AB17	Mazurka	młody, -a, -e **15** Pe	jung
		młodzież *f* **12** Pe	Jugend
mazurski, -a, -ie **12** 1b	Masuren-	młotek *m* młotka **13** 5a	Hammer
Mazury *Pl* **12** 1a	Masuren	mniej **6** 5e	weniger
meble *Pl* **13** 2a	Möbel	mniejszy, -a, -e **10** 1c	kleiner
meblościanka *f* **13** AB5	Anbauwand	mnóstwo **12** 1b	Unmenge
mechanik *m* mechanika **11** 4b	Mechaniker	mobilny, -a, -e **15** Pe	mobil
		móc, mogę, możesz **2** 2a	dürfen, können
medycyna *f* **8** 2a	Medizin	mocno **10** 3b	stark
megafon *m* magafonu **14** Pe	Megaphon		
menedżer *m* menedżera **9** 1b	Manager		
męski, -a, -ie **14** 4b	Männer-		
meta *f* **Spiel I**	Ziel		

mocny -a, -e **4** 3b	stark	najlepszy, -a, -e **6**	bester
model *m* modelu **7** 6b	Modell	najmilej **10** G	am nettesten
modelka *f* **8** AB13	Modell	najmilszy, -a, -e **10** G	nettester
modny, -a, -e **6** 2b	modisch	najmniej **10** 2a	am wenigsten
modry, -a, -e **16** 4d	kornblumenblau	najmniejszy, -a, -e **10** 1c	kleinster
moi *(PF)* **8** 2a	meine *(Pl)*	najniższy, -a, -e **10** 1c	kleinster
mój, moja, moje **2** 3a	mein, meine, mein	najnowszy, -a, -e **7** 6b	neuester
mokka *f* **9** SuA	Mokka	najpierw **7** 4a	zuerst
momencik *m* momenciku **11** 4b	Moment	najstarszy, -a, -e **10** 1c	ältester
Monachium *n* **1** 3b	München	najwięcej **10** 2a	am meisten
moneta *f* **16** 3a	Münze	największy, -a, -e **10** 1c	größter
morski, -a, -ie **12** 3a	Meeres-	najwyższy, -a, -e **10** 1c	höchster
morze *n* **2** G	Meer	nakrycie *n* **16** 1g	Gedeck
Moskwa *f* **14** Pe	Moskau	naleśnik *m* naleśnika **5** 2b	Pfannkuchen
mówi się **5** 5b	man spricht	należy **10** 2a	man soll
mówić *ipf* -ię, -isz **5** 5b	sprechen	namiot *m* namiotu **12** AB9	Zelt
może być **3** 2a	es kann sein, geht in Ordnung	napar *m* naparu **10** Pe	Aufguss
Może mi pan/pani pomóc? **3** 2a	Können Sie mir helfen?	napić się *pf* napiję, napijesz **6** 2a	trinken
możliwy, -a, -e **9** 5f	möglich	napisać *pf* napiszę, napiszesz **9** 1a	schreiben
można **3** 1a	man kann, man darf	napiwek *m* napiwku **5** LuL	Trinkgeld
mróz *m* mrozu **15** 2b	Frost	napój *m* napoju **5** 2b	Getränk
musical *m* musicalu **14** AB10	Musical	naprawdę **1** 3a	wirklich
		nareszcie **12**	endlich
musieć, muszę, musisz **4** 2c	müssen	naród *m* narodu **15** 5	Volk
muzeum *n* **2** 2a	Museum	naród rozśpiewany *m* **15** 5	ein Volk, das viel singt
muzyczny, -a, -e **14** 1a	Musik-	narodowość *f* **8** 3f	Nationalität
muzyka *f* **1** 4b	Musik	narodowy, -a, -e **2** 2a	national
my **1** 3d	wir	narta *f* **11** AB4	Ski
myć *ipf* myję, myjesz **10** Pe	waschen	nasi *(PF)* **9** G	unsere *(Pl)*
mydło *n* **7** 3a	Seife	nasiona słonecznika *Pl* **10** LuL	Sonnenblumenkerne
myśl *f* **15** 5	Gedanke	nastąpić *pf* -ię, -isz **15** Pe	aufeinander folgen
myśleć *ipf* -ę, -isz **5** 5a	denken	następny, -a, -e **14** Pe	nächster
na czas **10** 5a	rechtzeitig	nastrój *m* nastroju **16** 2b	Stimmung
na górze **10** 3b	oben	nastrojowy, -a, -e **14** 2a	stimmungsvoll
na pamięć **14** 2c	auswendig	nasz, nasza, nasze **2** 3c	unser
na pewno **10** 4a	mit Sicherheit	naszyjnik *m* najszyjnika **7** 5b	Halskette
na pół etatu **9** 2a	halbtags	naturalny, -a, -e **10** LuL	natürlich
na *Präp + Akk, Lok* **1** 5a	auf, zum, an, für	nauczyć się *pf* -ę, -ysz **15** 4d	lernen
na przykład **6** 1b	zum Beispiel	nauczyciel *m* nauczyciela **7** 5a	Lehrer
na razie **1** 5a	bis bald		
na szczęście **16** 1g	zum Glück	nauczycielka *f* **8** 3a	Lehrerin
nad *Präp + Instr* **8** AB 2	über, an	nauka *f* **15** Pe	Wissenschaft
nadal **14** 5a	weiterhin	naukowy, -a, -e **15** 1a	wissenschaftlich
nadchodzący, -a, -e **16** 3b	kommend	nawet **6** 3a	sogar
nagle **15** 5	plötzlich	nazwa *f* **7** 6a	Name, Bezeichnung
nagrzać *pf* nagrzeję, nagrzejesz **16** 2d	vorheizen	nazwisko *n* **5** 1a	Familienname
najbardziej **10** 1c	am meisten	nazywać się *ipf* -am, -asz **1** 2a	heißen, sich nennen
najczęściej **10** 2a	am öftesten		
najdalej **10** G	am weitesten	netto *n* **9** SuA	netto
najdalszy, -a, -e **10** G	weitester	neutralny, -a, -e **2** SuA	neutral
najdłuższy, -a, -e **10** 1c	längster	nic **3** 2b	nichts
najdrożej **10** G	am teuersten	nic specjalnego **6** 3a	nichts Besonderes
najdroższy, -a, -e **10** G	teuerster	nie **1** 2a	nein, nicht
najgorszy, -a, -e **10** G	schlechtester	nie ma **3** 3a	es gibt nicht
najgorzej **10** G	am schlechtesten	nie martw się **15** 1b	mach dir keine Sorgen
najjaśniej **10** G	am hellsten		
najjaśniejszy, -a, -e **10** G	hellster	nie szkodzi **4** 2c	das macht nichts
najkrótszy, -a, -e **10** 1c	kürzester		
najładniejszy, -a, -e **10** 1c	schönster		
najlepiej **10** G	am besten		

niebezpieczny, -a, -e **7** 5b	gefährlich	
niebieski, -a, -ie **7** 6a	blau	
niebo *n* **12** Pe	Himmel	
niech żyje nam **6** 3a	er/sie soll (uns) leben	
niedaleko **2** 1b	nicht weit	
niedobry, -a, -e **4** AB11	nicht gut	
niedobrze **10** 3b	nicht gut	
niedziela *f* **6** 3a	Sonntag	
niedźwiedź *m* niedźwiedzia **12** 1b	Bär	
niektórzy *(PF)* **10** 2a	manche *(Pl)*	
Niemcy *Pl* **1** 3a	Deutschland	
Niemiec *m* Niemca **8** 3b	Deutscher	
niemiecki, -a, -ie **2** SuA	deutsch	
Niemka *f* **8** 3b	Deutsche *(f)*	
niemożliwe **10** 4a	unmöglich	
niemożliwy, -a, -e **10** Pe	unmöglich	
nieoświetlony, -a, -e **11** Pe	unbeleuchtet	
niepalący, -a **11** 3c	Nichtraucher/in	
niepodległość *f* **15** AB13	Unabhängigkeit	
Niepubliczny Zakład Opieki Zdrowotnej **10** LuL	Gemeinschaftspraxis	
nieść *ipf* niosę, niesiesz **15** 5	tragen	
niespodzianka *f* **14** 3a	Überraschung	
niespodziewany, -a, -e **16** 1g	unerwartet	
niestety **2** 1b	leider	
niewiele **Quiz**	nicht viel	
niezadowolony, -a, -e **14** 5d	unzufrieden	
nieźle **8** 3e	ganz gut, nicht schlecht	
nigdy **8** 2a	nie	
nigdzie **10** 4b	nirgends	
nikt **14** 2b	niemand	
niski, -a, -ie **10** 1c	niedrig, klein	
niż **10** 1c	als	
no **4** 3a	na, also, doch	
noc *f* **2** G	Nacht	
nocleg *m* noclegu **3** LuL	Übernachtung	
nocny, -a, -e **16** 1i	nächtlich, Nacht-	
noga *f* **10** 1a	Bein	
nokturn *m* nokturnu **14** AB17	Nocturne	
normalny, -a, -e **9** 4d	normal	
nos *m* nosa **10** 1a	Nase	
nosić *ipf* noszę, nosisz **6** 2b	tragen	
Nowa Zelandia *f* **14** Pe	Neuseeland	
nowoczesny, -a, -e **8** 2c	modern	
Nowy Jork *m* **11** 1c	New York	
nowy, -a, -e **9** 2a	neu	
nóż *m* noża **4** 2a	Messer	
numer *m* numeru **2** 2b	Nummer	
O co chodzi? **3** 3b	Worum geht es?	
O której godzinie? **9** 4d	Um wieviel Uhr?	
o!	oh!, ach!	
o *Präp + Lok, Akk* **1** 2a	über, um	
obawa *f* **15** Pe	Furcht	
obchodzić *ipf* -ę, -isz **16** 1c	feiern	
obcy, -a, -e **8** 3a	fremd	
obecnie **12** 2a	zur Zeit	
obejrzenie *n* **12** 1b	Anschauen	
obiad *m* obiadu **5** 5a	Mittagessen	
obniżenie *n* **10** Pe	Senkung	
obniżyć *pf* -am, -asz **10** Pe	senken	
obok *Präp + Gen* **7** 1a	neben	
obowiązujący, -a, -e **15** Pe	geltend	
obóz *m* obozu **12** Pe	Lager	
obrączka *f* **16** 3a	Ehering	
obraz *m* obrazu **7** 5a	Bild	
obrazek *m* obrazka **14** 1a	Bildchen	
obrus *m* obrusu **16** 1g	Tischdecke	
obserwować *ipf* -uję, -ujesz **12** 4a	beobachten	
obsługa *f* **9** 2a	Bedienung	
obsługiwać *ipf* -uję, -ujesz **9** 1d	bedienen	
obywatel *m* obywatela **15** Pe	Bürger	
obywatelstwo *n* **8** 3a	Staatsangehörigkeit	
ochłoda *f* **5** 5a	Abkühlung	
ochota *f* **4** 3a	Lust	
ochrona *f* **8** LuL	Schutz	
ochrona środowiska *f* **8** LuL	Umweltschutz	
ochroniarz *m* ochroniarza **9** 1b	Leibwächter, Aufpasser	
oczywiście **2** 2a	selbstverständlich	
od dawna **10** Pe	seit langem	
od godz. (od godziny) **5** 1a	ab … Uhr	
od *Präp + Gen* **5** 1a	von, seit, ab	
odbywać się *ipf* -am, -asz **12** 1b	stattfinden	
odchudzać się *ipf* -am, -asz **7** 2c	abnehmen	
odcinek *m* odcinka **11** Pe	Abschnitt	
oddać *pf* -am, -asz **13** 5a	zurückgeben	
oddalony, -a, -e **14** AB17	entfernt	
oddychać *ipf* -am, -asz **10** 3b	atmen	
oddychanie *n* **9** SuA	Atmen	
oddzwonić *pf* -ię, -isz **9** 5c	zurückrufen	
odegrać *pf* -am, -asz **7** 1c	spielen, abspielen	
odesłać *pf* odeślę, odeślesz **9** 5e	abschicken	
odjazd *m* odjazdu **9** 4b	Abfahrt	
odjechać *pf* odjadę, odjedziesz **11** 3a	abfahren	
odjeżdżać *ipf* -am, -asz **11** AB5	abfahren	
odległość *f* **11** 2d	Entfernung	
odpocząć *pf* -nę, -niesz **14** AB6	(sich) ausruhen, sich erholen	
odpowiadać *ipf* -am, -asz **14** 4b	entsprechen, antworten	
odpowiedni, -ia, -ie **7** 2c	entsprechend	
odpowiedź *f* **9** 5f	Antwort	
odpowiedzieć *pf* -iem, -iesz **8** 2b	antworten	
Odra *f* **Quiz**	Oder	
odremontowany, -a, -e **12** 1b	renoviert	
odstraszyć *pf* -ę, -ysz **16** 4b	abschrecken	
odwiedzać *ipf* -am, -asz **10** 4	besuchen	
odwiedzić *pf* -ę, -isz **10** 4a	besuchen	
odwiedziny *Pl* **12** 1b	Besuch	
odwrócony, -a, -e **16** 3b	umgedreht	
odżywiać się *ipf* -am, -asz **7** 4a	sich ernähren	
odżywianie *n* **10** 2a	Ernährung	
oferować *ipf* -uję, -ujesz **3** 2c	anbieten	

ogień *m* ognia **16** 4a	Feuer
oglądać *ipf* -am, -asz **8** 2a	anschauen
ogłoszenie *n* **9** 2	Anzeige
ognisko *n* **16** 4a	Lagerfeuer
ogółem **13** Pe	insgesamt
ogórek kiszony *m* **5** 2b	eingelegte Salzgurke
ogórek *m* ogórka **5** 2b	Gurke
ogórkowy, -a, -e **5** 2b	Gurken-
ogród *m* ogrodu **13** 3a	Garten
ogródek *m* ogródka **14** 1a	kleiner Garten
ogrodzony, -a, -e **13** 3a	eingezäunt
ogrzewanie *n* **3** 3a	Heizung
oj! **10** 3b, ojej! **14** 3a	oh!, oje!
ojciec *m* ojca **8** 2a	Vater
okazja *f* **6** 2a	Gelegenheit, Anlass
okno *n* **3** 3a	Fenster
oko *n* oczy **10** 1a	Auge
okolica *f* **9** 2a	Gegend
około **15** Pe	ungefähr
okulary *Pl* **2** 3a	Brille
okulista *m* okulisty **10** 3a	Augenarzt
okulistyczny, -a, -e **10** 3a	Augenarzter
on **1** 2a	
ona **1** 2a	sie *(3. Pers Sg)*
one *(SF)* **1** 3d	sie *(3. Pers Pl)*
oni *(PF)* **1** 3d	sie *(3. Pers Pl)*
ono **1** 2a	es
opad *m* opadu **15** 2a	Niederschlag
opalać się *ipf* -am, -asz **12** 3b	sich sonnen
opanować *pf* -uję, -ujesz **15** 1b	beherrschen
opera *f* **6** 1a	Oper
operetka *f* **14** 3c	Operette
opiekować się *ipf* -uję, -ujesz **14** 5a	sich kümmern
opiekun osoby niepełnosprawnej *m* **9** 1b	Behindertenbetreuer
opiekunka *f* **15** 1b	Betreuerin
opinia *f* **14** 5b	Meinung
opisać *pf* opiszę, opiszesz **13** 1c	beschreiben
opłatek *m* opłatka **16** 1g	Oblate
opowiadać *ipf* -am, -asz **12** AB8	erzählen
opowiadanie *n* **13** 5c	Erzählung
opowiedzieć *pf* opowiem, opowiesz **8** 3b	erzählen
opóźnienie *n* **11** 3a	Verspätung
opóźniony, -a, -e **11** 3a	verspätet
oprócz *Präp + Gen* **7** 3a	außer
oprószyć *pf* -ę, -ysz **16** 2d	bestäuben
optymalny, -a, -e **13** Pe	optimal
oraz **7** 3a	und
organizacja *f* **12** LuL	Organisation
organizować *ipf* -uję, -ujesz **15** AB3	veranstalten
organizowany, -a, -e **14** 2a	organisiert
osiągnąć *pf* -ę, -iesz **13** Pe	erreichen
osiągnięcie *n* **10** 2a	Errungenschaft
osiedlanie *n* **15** Pe	Niederlassen, Ansiedeln
osiem **2** 4b	acht
osiemdziesiąt **6** 5a	achtzig
osiemnaście **3** 4a	achtzehn
osiemnasty, -a, -e **9** 3a	achtzehnter
osiemset **11** 5a	achthundert
Oslo *n* **14** Pe	Oslo
ósmy, -a, -e **9** 3a	achter
osoba *f* **5** 1a	Person
osobiście **15** 1c	persönlich
osobno **5** 4a	getrennt
osobowy, -a, -e **11** 3a	Personen-
Ośrodek Informacji Turystycznej **2** LuL	Informationsstelle für Touristen
Ośrodek Zdrowia **10** LuL	Gesundheitszentrum
ostatni, -ia, -ie **5** 1a	letzte
ostatnio **6** 3a	letztens, neulich
oszczędzać *ipf* -am, -asz **13** 4a	sparen
oszczypek *m* oszczypka **7** 5d	geräucherter Schafskäse
otręby owsiane *Pl* **10** LuL	Haferkleie
otwarty, -a, -e **14** 4a	geöffnet
otwierać *ipf* -am, -asz **15** 5	öffnen
owoc *m* owocu **7** 4a	Frucht
owocowy, -a, -e **4** 3c	Früchte-
owszem **14** 5a	versteht sich
oznaczać *ipf* -am, -asz **15** Pe	bedeuten
Pa! **14** 3a	Tschüss!
pacjent *m* pacjenta **10** 3b	Patient
pączek *m* pączka **7** 2a	Krapfen, Berliner
pada deszcz **14** AB4	es regnet
pada śnieg **15** 2a	es schneit
padać *ipf* -am, -asz **15** 2b	regnen, fallen
Pałac Kultury i Nauki *m* **12** 1b	Kultur- und Wissenschaftspalast
palący, -a **11** 3c	Raucher/in
palec *m* palca **10** 1a	Finger
palić *ipf* -ę, -isz **16** 4a	brennen
palić papierosy **10** Pe	Zigaretten rauchen
pamiątka *f* **7** 5	Andenken
pamięć *f* **14** 2c	Gedächtnis
pamiętać *ipf* -am, -asz **10** 2a	sich erinnern
pan *m* pana **1** 2a	Herr
pani *f* **1** 2a	Frau
panierowany, -a, -e **5** 2a	paniert, Panier-
panna *f* **8** 3a	Fräulein
państwo *n* **4** LuL	Herrschaften *(Anredeform)*, Land
papier *m* papieru **16** 3b	Papier
papier toaletowy *m* papieru **3** 3a	Toilettenpapier
papieros *m* papierosa **7** 3a	Zigarette
paproć *f* **16** 4a	Farn
parę **6** 2b	ein paar
park *m* parku **12** 1b	Park
parkiet *m* parkietu **13** 3a	Parkett
parking *m* parkingu **3** 1a	Parkplatz
partnerski, -a, -ie **15** 1a	Partner-
Paryż *m* Paryża **14** Pe	Paris
pas *m* pasa **10** 3b	Taille, Gurt
paskudnie **15** AB11	scheußlich

pasować *ipf* -uję, -ujesz **7** 4a	passen	PKS (Polska Komunikacja Samochodowa) **11** LuL	staatliches polnisches Busunternehmen
pasta do zębów *f* **7** 3a	Zahnpasta		
pasterka *f* **16** 1c	Christmette	plac *m* placu **2** LuL	Platz
pasterz *m* pasterza **16** 1i	Hirte	płaca *f* **9**	Lohn, Gehalt
paszport *m* paszportu **2** SuA	Reisepass	płacić *ipf* -ę, -isz **3** 1a	zahlen
patelnia *f* **5** 2b	Pfanne	plan *m* planu **2** 2a	Plan, Skizze
patrzeć *ipf* -ę, -ysz **14** Pe	schauen	plan miasta **2** 2a	Stadtplan
październik *m* października **15** 3	Oktober	planowy, -a, -e **9** 4b	geplant, planmäßig
		plaster *m* plastra **7** 1a	Pflaster
pełny, -a, -e **12** 1b	voll	płatek *m* płatka **12** Pe	Blatt
penicylina *f* **10** 3b	Penicillin	płatny, -a, -e **11** Pe	gebührenpflichtig
pensjonat *m* pensjonatu **12** Pe	Pension	plaża *f* **12** 3a	Strand
		plecak *m* plecaka **11** 4c	Rucksack
perła *f* **Quiz**	Perle	plecy *Pl* **10** 1a	Rücken
peron *m* peronu **11** 3a	Bahnsteig	plener *m* pleneru **14** 2a	unter freiem Himmel
perspektywa *f* **15** 1	Perspektive		
peryferie *Pl* **13** 4a	Vorort, Stadtrand	płomień *m* płomienia **16** 4d	Flamme
pewnie **16** 2d	sicherlich	płuco *n* **10** 3b	Lunge
pianino *n* **10** 1b	Klavier	płukanie *n* **10** Pe	Gurgeln
piątek *m* piątku **6** 4a	Freitag	plus *m* plusa **2** 4d	plus
piąty, -a, -e **9** 3a	fünfter	płyta *f* **14** AB6	Schallplatte
pić *ipf* piję, pijesz **4** 1b	trinken	płyta kompaktowa *f* **6** 1a	Compactdisc
pięć **2** 4b	fünf	pływać *ipf* -am, -asz **12** 1b	schwimmen
piec *ipf* piekę, pieczesz **16** 2d	backen	pływanie *n* **10** Pe	Schwimmen
		po angielsku **8** 3d	auf Englisch
pięćdziesiąt **6** 5a	fünfzig	po francusku **8** 3d	auf Französisch
pięćset **11** 5a	fünfhundert	po lewej stronie **2** 1b	auf der linken Seite
pieczeń *f* **5** 2b	Braten	po niemiecku **8** 3d	auf Deutsch
pieczony, -a, -e **5** 2b	gebraten	po polsku **5** 2b	auf Polnisch, auf polnische Art
pieczywo *n* **7** 4a	Backwaren		
piekarnia *f* **7** 1b	Bäckerei	po południu **4** 3b	am Nachmittag
piekarnik *m* piekarnika **16** 2d	Backofen	po *Präp* +Akk, Lok **2** 1b	an, auf, nach, zu
		po prawej stronie **2** 1b	auf der rechten Seite
piekarz *m* piekarza **9** 1b	Bäcker		
piękny, -a, -e **2** 1c	schön	po prostu **6** 2b	ganz einfach
pielęgniarka *f* **9** 1b	Krankenschwester	po staremu **6** 3a	beim Alten
pieniądze *Pl* **2** 3c	Geld	pobladły, -a, -e **15** 5	verblasst
pieprz *m* pieprzu **4** 2a	Pfeffer	pobliski, -a, -ie **12** 1b	nahe gelegen
piernik *m* piernika **7** 5d	Lebkuchen	pochmurno **15** 2b	bewölkt
pieróg *m* pierogu **5** 2a	Maultasche	pochodzenie *n* **15** 5	Herkunft
pierś *f* **10** 1a	Brust	pociąg *m* pociągu **11** 1a	Zug
pierścień *m* pierścienia **14** 4a	Ring	początek *m* początku **10** 5a	Anfang
		poczekać *pf* -am, -asz **4** 2c	warten
pierwszy, -a, -e **8** 3a	erster	poczta *f* **2** 1a	Post
pies *m* psa **6** 1a	Hund	pod *Präp* + *Instr* **9** 2a	unter
piesi *(PF)* **11** LuL	Fußgänger	podać *pf* -am, -asz **5** 4a	geben, (über)reichen
pieszo **11** 1c	zu Fuß		
piętnaście **3** 4a	fünfzehn	podanie *n* **15** 4c	Bewerbung, Antrag
piętnasty, -a, -e **9** 3a	fünfzehnter	podany, -a, -e **13** 2c	gegeben
piętro *n* **10** 3a	Stockwerk	podarować *pf* -uję, -ujesz **13** AB7	schenken
pietruszka *f* **7** 4a	Petersilie		
pigułka *f* **10** 3c	Pille	podawany, -a, -e **9** 4a	gegeben
piłka *f* **10** 1b	Ball	podejmowanie *n* **15** Pe	Aufnahme
piłka nożna *f* **14** 1a	Fußball	podjechać *pf* podjadę, podjedziesz **9** 4b	heranfahren, einfahren
pilot *m* pilota **9** 2a	Pilot, Reiseführer		
piosenka *f* **15** 5	Lied	podkreślać *ipf* -am, -asz **15** 5	unterstreichen
pisać *ipf* piszę, piszesz **9** 1d	schreiben		
pisanka *f* **16** 2a	buntbemaltes Osterei	podkuć *pf* podkuję, podkujesz **15** LuL	beschlagen, besohlen
piwnica *f* **13** 3a	(Wein-)Keller	podnieść *pf* podniosę, podniesiesz **16** 3b	heben
piwo *n* **1** 4b	Bier		
pizza *f* **Quiz**	Pizza	podobać się *ipf* -am, -asz **6** 2a	gefallen
PKP (Polskie Koleje Państwowe) **11** LuL	polnische Staatsbahn		

podobny, -a, -e **10** 1c	ähnlich	pomieszczenie *n* **13** 1a	Raum
podpisać *pf* podpiszę, podpiszesz **3** 2a	unterschreiben	pomoc *f* **13** 4d	Hilfe
podpisany, -a, -e **15** 1b	unterschrieben	pomóc *pf* pomogę, pomożesz **3** 2a	helfen
podróż *f* **11**	Reise	pomyłka *f* **9** 5c	Irrtum
podróżny **11** 3c	Reisender	pomysł *m* pomysłu **6** 1b	Idee
podróżować *ipf* -uję, -ujesz **11** 1b	reisen	ponad **13** Pe	mehr als
podróżowanie *n* **15** Pe	Reisen	pończocha *f* **7** 3a	Strumpf
podstawowy, -a, -e **8** 2c	Grund-	poniedziałek *m* poniedziałku **6** 3a	Montag
podszkolić *pf* -ę, -isz **15** 1b	verbessern, üben	ponieważ **11** 2b	weil
podwórko *n* **13** 3a	Hof	ponuro **15** AB11	düster
podziękować *pf* -uję, -ujesz **13** AB7	sich bedanken	popołudniowy, -a, -e **4** 3	Nachmittags-
podziwiać *ipf* -am, -asz **12** 1b	bewundern	poprawiać *ipf* -am, -asz **16** 4d	verbessern
poeta *m* poety **Quiz**	Dichter	poprosić *pf* poproszę, poprosisz **3** 2a	bitten
pogoda *f* **12** AB14	Wetter	popularność *f* **12** Pe	Beliebheit
pogotowie ratunkowe **10** LuL	Rettungsdienst	popularny, -a, -e **8** LuL	populär
pogrupować *pf* -uję, -ujesz **9** 1b	zuordnen, gruppieren	poradnia *f* **10** LuL	medizinische Beratungsstelle
pojawić się *pf* -ię, -isz **16** 1g	erscheinen	porównać *pf* -am, -asz **9** 4a	vergleichen
pojechać *pf* pojadę, pojedziesz **11** 2a	hinfahren	porozmawiać *pf* -am, -asz **10** 4a	sprechen
pojęcie *n* **14** Pe	Ahnung	port *m* portu **12** 3a	Hafen
pójść *pf* pójdę, pójdziesz **11** 2a	gehen	portal *m* portalu **9** AB2	Portal
pokazać *pf* pokażę, pokażesz **7** 5a	zeigen	porządek *m* porządku **5** 4a	Ordnung
		porządkowy, -a, -e **9** 3b	Ordnungs-
pokój dwuosobowy *m* **3** 1a	Zweibettzimmer	posłuchać *pf* -am, -asz **14** Pe	hören
pokój gościnny *m* **3** LuL	Gästezimmer	pośpieszać *ipf* -am, -asz **16** 1i	eilen
pokój jednoosobowy *m* **3** 1a	Einbettzimmer	pośpieszny, -a, -e **11** 3b	Eil-
pokój *m* pokoju **3** 1a	Zimmer	posprzątać *pf* -am, -asz **13** 5b	aufräumen, putzen
pokroić *pf* -ję, -isz **7** SuA	schneiden	postanowić *pf* -ię, -isz **12** 2a	beschließen
pół **7** 4a	halb		
połączony, -a, -e **12** 1b	verbunden	postawić *pf* -ię, -isz **16** 2d	hinstellen
połączyć *pf* -ę, -ysz **11** 2b	verbinden	postój taksówek *m* **11** 1a	Taxistand
Polak *m* Polaka **8** 3b	Pole	poszukać *pf* -am, -asz **11** 4b	suchen
pole namiotowe *n* **3** LuL	Zeltplatz	poszukiwać *ipf* poszukuję, poszukujesz **9** 2a	suchen
polecać *ipf* -am, -asz **5** 3c	empfehlen	potańczyć *pf* -ę, -ysz **14** AB4	tanzen
polecieć *pf* -ę, -isz **11** 2c	(hin-)fliegen		
polędwica *f* **5** 2b	Lende, Filet	potem **2** 1b	dann
polewać *ipf* -am, -asz **16** 2b	begießen	potrawa *f* **7** 4a	Gericht
policja *f* **1** 4a	Polizei	potrzebny, -a, -e **10** 1b	notwendig
policjant *m* policjanta **9** 1b	Polizist	potrzebować *ipf* -uję, -ujesz **7** 4a	brauchen
polityczny, -a, -e **15** 1a	politisch		
polityk *m* polityka **Quiz**	Politiker	poważny, -a, -e **9** 3b	ernst, seriös
Polka *f* **8** 3b	Polin	powiedzieć *pf* powiem, powiesz **6** 3a	sagen
północ *f* **15** 2b	Norden, Mitternacht	powierzchnia *f* **13** Pe	Fläche
polonez *m* poloneza **14** AB17	Polonaise	powietrze *n* **14** 1c	Luft
		powodzenie *n* **9** 3a	Gelingen, Glück
położyć się *pf* -ę, -ysz **10** 3b	sich hinlegen	powrót *m* powrotu **10** 4a	Rückkehr
Polska *f* **1** 3a	Polen	powtarzać *ipf* -am -asz **7** 5a	wiederholen
polski, -a, -ie **3** 2c	polnisch	powtórka *f* **P1** AB	Wiederholung
polsko-niemiecki **7** AB 5	polnisch-deutsch	poza tym **7** AB 6	außerdem
południe *n* **5** 1b	Mittag, Süden	pożądanie *n* **14** 4a	Begehren
południowy, -a, -e **15** 5	südlich	pozdrowienia *Pl* **12** 3	Grüße
pomagać *ipf* -am, -asz **9** 1d	helfen	pożegnalny, -a, -e **15** 4c	Abschieds-
pomarańczowy, -a, -e **4** 1a	Orangen-	pozłacany, -a, -e **12** Pe	vergoldet
pomidorowy, -a, -e **5** 2a	Tomaten-		
pomiędzy swymi **15** 5	unter seinesgleichen		

poznać pf -am, -asz 15 Pe	kennen lernen	przekazać pf przekażę, przekażesz 9 5a	ausrichten
później 9 5a	später	przekłuć pf przekłuję, przekłujesz 16 3b	durchstechen
pozwalać ipf -am, -asz 15 Pe	erlauben	przekroczyć pf -ę, -ysz 11 4a	überschreiten
pozwolić pf -ę, -isz 15 Pe	erlauben	przelotny opad m 15 AB7	Regenschauer
pożyczyć pf -ę, -ysz 13 4a	leihen	przenieść pf przeniosę, przeniesiesz 12 1b	verlegen
pozytywny, -a, -e 10 Pe	positiv	przepisać pf przepiszę, przepiszesz 10 3b	verschreiben
praca f 6 3a	Arbeit	przeplatać ipf -am, -asz 15 LuL	verflechten
pracować ipf -uję, -ujesz 6 3a	arbeiten	przepływ m przepływu 15 Pe	Durchfluss, Strom
pracownik sezonowy m 9 1b	Saisonarbeiter	przepływać ipf -am, -asz Quiz	durchfließen
praktyczny -a, -e 6 1b	praktisch	przepowiadać ipf -am, -asz 16 3b	weissagen
praktyka f 9 5e	Praktikum	przepowiedzieć pf przepowiem, przepowiesz 16 3b	weissagen
praktykant m praktykanta 9 5f	Praktikant	przepraszać ipf -am, -asz 1 2a	entschuldigen
prawda f 12 LuL	Wahrheit	przepraszam 1 2a	Entschuldigung
prawdziwy, -a, -e 7 5b	echt, wahr	przeprowadzać się ipf -am, -asz 11 2a	durchführen, umziehen
prawidłowy, -a, -e 10 2a	richtig	przeprowadzić się pf przeprowadzę, przeprowadzisz 13 4a	durchführen, umziehen
prawie 7 3a	fast		
prawo jazdy n 9 2a	Führerschein		
prawo n 12 2a	Recht	przeprowadzka f 13 4a	Umzug
prędzej 16 1i	schneller	przeróżny, -a, -e 14 2a	verschiedenartig
prezent m prezentu 1 SuA	Geschenk	przesiadka f 11 3b	Umsteigen
prezydent m prezydenta 15 Pe	Präsident	przesłanie n 9 2a	Zuschicken
		przeszłość f 12 2	Vergangenheit
problem m problemu 3 3a	Problem	przeszły, -a, -e 12 4b	vergangen
próbować ipf -uję, -ujesz 15 1b	versuchen	przez Präp + Akk 10 1b	durch, über
procent m procentu 14 LuL	Prozent	przeziębiony, -a, -e 10 3b	erkältet
proces m procesu 15 Pe	Prozess	przy Präp + Lok 6 3	an, bei
produkować ipf -uję, -ujesz 9 AB7	herstellen	przybliżać ipf -am, -asz 15 Pe	näher rücken
profesor m profesora 9 SuA	Professor	przychodnia f 10 LuL	Ambulanz
prognoza f 15 2b	Vorhersage	przyczynić się pf -ię, -isz Quiz	beitragen
program m programu 1 SuA	Programm		
programista m programisty 9 3a	Programmierer	przygotować pf -uję, -ujesz 13 5a	zubereiten
projektant stron internetowych m 9 1b	Webdesigner	przygotowany, -a, -e 15 Pe	vorbereitet
		przyjazd m przyjazdu 11 3a	Ankunft
projektować ipf -uję, -ujesz 9 AB2	entwerfen	przyjazny, -a, -e 11 2b	freundlich
		przyjechać pf przyjadę, przyjedziesz 11 G	ankommen
propozycja f 14 4b	Angebot		
prosić ipf proszę, prosisz 2 1b	bitten	przyjęcie n 7 4b	Party, Empfang
prosto 2 1b	geradeaus	przyjęcie okolicznościowe n 5 1a	Empfänge zu besonderen Anlässen
proszę 2 1b	bitte		
proszę mi pokazać 7 5a	zeigen Sie mir bitte		
proszę sobie wybrać 7 1a	bitte suchen Sie sich (etwas) aus	przyjemność f 9 5c	Vergnügen
		przyjemny, -a, -e 15 5	nett
prowadzić ipf -ę, -isz 10 2a	führen	przyjmować ipf -uję, -ujesz 10 3a	annehmen, empfangen, kommen
prysznic m prysznica 3 1a	Dusche		
prywatny, -a, -e 8 LuL	privat	przyjść pf przyjdę, przyjdziesz 11 4b	
przecier pomidorowy m 7 4a	Tomatenmark		
przeciętny, -a, -e 13 Pe	durchschnittlich	przykład m przykładu 6 1b	Beispiel
przecież 6 3a	doch	przykro 3 3b	peinlich
przeczytać pf -am, -asz 7 2a	lesen, durchlesen	przylecieć pf -ę, -isz 14 Pe	anfliegen, ankommen
przed Präp + Instr, Akk 3 2a	vor		
prede wszystkim 10 2a	vor allem		
przedpokój m przedpokoju 13 1a	Diele		
przedstawić pf -ię, -isz 8 2e	vorstellen		

przymierzyć *pf* -am, -asz 7 6b	anprobieren
przymiotnik *m* przymiotnika 9 2c	Adjektiv
przynieść *pf* przyniosę, przyniesiesz 13 AB13	mitbringen
przynosić *ipf* przynoszę, przynosisz 15 5	mitbringen
przypadać *ipf* -am, -asz 13 Pe	kommen auf, zuteil werden
przypalony, -a, -e 5 4b	angebrannt
przyroda *f* 12 1b	Natur
przysłowie *n* 15 LuL	Sprichwort
przystanek *m* przystanku 11 1a	Haltestelle
przystąpienie *n* 15 Pe	Beitritt
przyszłość *f* 15	Zukunft
przyszły -a, -e 12 4a	nächster
przywitać *pf* -am, -asz 16 1i	willkommen
przyznać *pf* -am, -asz 16 1g	zugeben
pstrąg *m* pstrąga 5 2b	Forelle
pszenny, -a, -e 7 2a	Weizen-
ptak *m* ptaka 12 Pe	Vogel
Punkt Informacji Turystycznej 2 LuL	Informationspunkt für Touristen
punkt *m* punktu Quiz	Punkt
punktualnie 15 1b	pünktlich
punktualny, -a, -e 11 2a	pünktlich
pupa *f* 10 1a	Popo
pusty, -a, -e 16 3b	leer
pustynia *f* Quiz	Wüste
puszczać *ipf* -am, -asz 16 4a	loslassen
pytać *ipf* -am, -asz 15 4b	fragen
pytanie *n* 8 1d	Frage
rachunek *m* rachunku 5 4	Rechnung
radio *n* 3 3a	Radio
radiowy, -a, -e 14 5b	Radio-
radzić *ipf* -ę, -isz 10 Pe	einen Rat geben
raj *m* raju 12 Pe	Paradies
rajd *m* rajdu 12 Pe	Rallye
rajstopy *Pl* 7 3a	Strumpfhose
rano 5 1b	am Morgen, morgens
ratusz *m* ratusza 12 1b	Rathaus
raz *m* razu 6 5c	eins, einmal, Mal
razem 5 4a	zusammen
razowy, -a, -e 7 2a	Vollkorn-
recepcja *f* 3 2	Rezeption
recepcjonista *m* recepcjonisty 9 1e	Empfangschef
recepta *f* 10 2a	Rezept
ręcznik *m* ręcznika 3 3a	Handtuch
regał *m* regału 13 2a	Regal
region *m* regionu 12 1b	Gebiet
regularnie 10 Pe	regelmäßig
rejestracja *f* 10 3a	Anmeldung
ręka *f* ręce 10 1a	Hand
rękawiczka *f* 6 1a	Handschuh
relaks *m* relaksu 10 2a	Entspannung
religijny, -a, -e 16 2b	religiös
remont *m* remontu 13 4a	Renovierung
remontować *ipf* -uję, -ujesz 13 4b	renovieren
rencista *m* rencisty 14 2d	Rentner
renesansowy, -a, -e 12 2a	Renaissance-
renifer *m* renifera Quiz	Rentier
repertuar *m* repertuaru 14 4a	Repertoire
reprezentant firmy ubezpieczeniowej *m* 9 1b	Versicherungsvertreter
reprezentować *ipf* -uję, -ujesz 12 2a	repräsentieren
restauracja *f* 3 1a	Restaurant
rezerwacja *f* 5 1a	Reservierung
rezydencja *f* 12 2a	Residenz
robić *ipf* -ię, -isz 8 2a	machen
robota *f (ugs)* 10 5a	Arbeit
rockowy, -a, -e 14 2c	Rock-
rodzaj *m* rodzaju 10 2a	Sorte, Art
rodzeństwo *n* 8 1b	Geschwister
rodzić *ipf* -ę, -isz 16 1i	geboren werden
rodzice *Pl* 8 1a	Eltern
rodzina *f* 7 1a	Familie
rodzinny, -a, -e 8 2	Familien-
rodzynek *m* rodzynka 16 1g	Rosine
rogalik *m* rogalika 4 1a	Hörnchen
rok *m* roku, lata 6 3a	Jahr
rolada *f* 5 2a	Roulade
rolnictwo *n* 15 1a	Landwirtschaft
rolnik *m* rolnika 9 1b	Landwirt
Rosja *f* 15 2c	Russland
roślina *f* 12 1b	Pflanze
rosnący, -a, -e 15 5	wachsend
rosół *m* rosołu 5 2b	Fleischbrühe
rower *m* roweru 1 AB10	Fahrrad
rowerowy, -a, -e 12 1b	Fahrrad-
rowerzysta *m* rowerzysty 12 1b	Fahrradfahrer
również 13 Pe	ebenfalls
równowaga *f* 10 2a	Gleichgewicht
róża *f* 6 1a	Rose
rozchodzić się *ipf* -ę, -isz 16 1i	verbreiten
rozczyn *m* rozczynu 16 2d	Vorteig
rozebrać się *pf* rozbiorę, rozbierzesz 10 3b	sich ausziehen
rozkład jazdy *m* 11 3b	Fahrplan
rozmawiać *ipf* -am, -asz 7 5d	sich unterhalten
rozmiar *m* rozmiaru 7 6b	Größe
rozmowa *f* 5 3	Gespräch
rozmowa kwalifikacyjna *f* 9 3a	Vorstellungsgespräch
różny, -a, -e 7 3a	verschieden
różowy, -a, -e 7 6a	rosa
rozpoczęty, -a, -e 15 Pe	angefangen
rozrywka *f* 14 4a	Unterhaltung
rozrywkowy, -a, -e 14 1c	Unterhaltungs-
rozumieć *ipf* -em, -esz 3 2a	verstehen
rozwiązanie *n* 10 5b	Lösung
rozwiązywać *ipf* -uję, -ujesz 14 2d	lösen
rozwiedziony, -a 8 3a	geschieden
rozwinąć *pf* -ę, -iesz 14 Pe	entfalten
rozwódka *f* 8 3a	geschiedene Frau
rozwodnik *m* rozwodnika 8 3a	geschiedener Mann
RP Rzeczpospolita Polska *f* 15 Pe	Republik Polen

ruchome wydmy *Pl* **12** 1b	Wanderdünen
rum *m* rumu **4** 3a	Rum
rumianek *m* rumianku **10** LuL	Kamille
ryba *f* **5** 2b	Fisch
rynek *m* rynku **2** LuL	Marktplatz
ryż *m* ryżu **5** 2b	Reis
rzadki, -a, -ie **12** 1b	selten
rzadko **16** 1g	selten
rzecz *f* **12** 3b	Sache
rzeka *f* **12** 1b	Fluss
Rzym *m* Rzymu **14** Pe	Rom
sakralny, -a, -e **12** 1b	sakral
sałatka *f* **5** 2b	Salat
sam, sama, samo **12** AB14	selbst, allein
samochód *m* samochodu **8** AB10	Auto
samodzielnie **13** Pe	selbständig
samolot *m* samolotu **11** 1a	Flugzeug
sanatorium *n* **12** 2a	Rehaklinik
sandacz *m* sandacza **16** 1g	Zander
sanki *Pl* **16** 1a	Schlitten
sąsiad *m* sąsiada **13** 5a	Nachbar
sąsiadka *f* **13** 5a	Nachbarin
sauna *f* **10** 2a	Sauna
scena *f* **14** Pe	Bühne
scenka *f* **7** 1c	Szene
schab *m* schabu **5** 2b	Schweinsrücken
schudnąć *pf* -ę, -iesz **14** 4b	abnehmen
ścieżka *f* **15** Pe	Pfad
ścieżka rowerowa *f* **11** 2a	Fahrradweg
sekretarka *f* **8** AB7	Sekretärin
seler *m* selera **7** 4a	Sellerie
semestr *m* semestru **9** 5f	Semester
ser *m* sera **4** 1a	Käse
serce *n* **10** 3c	Herz
sernik *m* sernika **4** 3c	Käsekuchen
serwetka *f* **4** 2a	Serviette
sezonowy, -a, -e **7** 3a	saisonal, Saison-
siadać *ipf* -am, -asz **6** 2a	sich hinsetzen
siano *n* **16** 1g	Heu
siatkówka *f* **9** 4b	Volleyball
siedem **2** 4a	sieben
siedemdziesiąt **6** 5a	siebzig
siedemnaście **3** 4a	siebzehn
siedemnasty, -a, -e **9** 3a	siebzehnter
siedemset **11** 5a	siebenhundert
sierpień *m* sierpnia **15** 3	August
silny, -a, -e **10** Pe	stark
siłownia *f* **14** 4a	Fitnessstudio
siodło *n* **12** Pe	Sattel
siódmy, -a, -e **9** 3a	sieb(en)ter
siostra *f* **2** 3a	Schwester
skąd **1** 3a	woher
skakać *ipf* skaczę, skaczesz **16** 4a	springen
skala *f* **7** 3a	Maßstab
skarpetka *f* **7** 3a	Socke
składać się *ipf* -am, -asz **16** 1g	bestehen
składać życzenia **16** 1g	Wünsche aussprechen
sklep *m* sklepu **7** 1	Geschäft
SKM (Szybka Kolej Miejska) **11** LuL	Stadtschnellbahn
skończyć *pf* -ę, -ysz **15** 4d	beenden
skręcić *pf* -ę, -isz **11** 4b	abbiegen
skromny, -a, -e **5** 5a	bescheiden
skrzydło *n* **14** Pe	Flügel
skrzynka *f* **13** 5a	Kasten
skrzypek *m* skrzypka **14** 4a	Geiger
skrzyżowanie *n* **11** 4b	Kreuzung
słaby, -a, -e **4** 3c	schwach
śląski, -a, -ie **14** 4a	schlesisch
słodki, -a, -ie **16** 1g	süß
słodko **16** 1g	süß
słodycze *Pl* **7** 3a	Süßwaren
słońce *n* **12** Pe	Sonne
słonecznie **15** AB7	sonnig
słonecznikowy, -a, -e **7** 2a	Sonnenblumen-
słoneczny, -a, -e **13** 3a	sonnig
słówko *n* **12** 1c	Vokabel
słownik *m* słownika **7** 3a	Wörterbuch
ślub *m* ślubu **16** 3a	Trauung
słuchać *ipf* -am, -asz **3** 2c	hören
słuchacz *m* słuchacza **14** 5b	Zuhörer
słucham **3** 2c	ja bitte? *(am Telefon)*
słuchanie *n* **10** 2a	Hören
służbowy, -a -e **9** 2a	Dienst-
słychać *ipf (nur Inf)* **2** 3a	hören
słyszeć *ipf* -ę, -ysz **15** Pe	hören
Smacznego! **5**	Guten Appetit!
smaczny, -a, -e **5** 3c	schmackhaft, lecker
smażony, -a, -e **5** 2b	gebraten
śmiech *m* śmiechu **10** Pe	Lachen
śmietana *f* **5** 2b	Sahne
śmietanka *f* **4** 2b	Kaffeesahne
śmigus dyngus *m* **16** 2a	polnischer Osterbrauch
smok *m* smoka **12** 2c	Drache
śniadanie *n* **3** 2a	Frühstück
śnieg *m* śniegu **11** 1c	Schnee
sobota *f* **6** 3a	Samstag
sok *m* soku **4** 1a	Saft
sól *f* **4** 2a	Salz
solidarność *f* **Quiz**	Solidarität
spać *ipf* śpię, śpisz **6** 4b	schlafen
spacer *m* spaceru **8** AB 3	Spaziergang
specjalista *m* specjalisty **10** 3a	Spezialist
specjalizować się *ipf* -uję, -ujesz **14** AB15	sich spezialisieren
specjalnie **8** AB11	speziell
specjalny, -a, -e **6** 3a	speziell
spędzać *ipf* -am, -asz **12** 3b	verbringen
spędzić *pf* -ę, -isz **12** 1d	verbringen
spektakl *m* spektaklu **14** 4a	Spektakel
śpiący, -a, -e **10** 4a	schläfrig
śpiewać *ipf* -am, -asz **12** Pe	singen
spływ kajakowy *m* **12** 4	Kanutour
spodnie *Pl* **7** 6c	Hose
spokój *m* spokoju **12** Pe	Ruhe
spokojnie **10** 3b	ruhig
spokojny, -a, -e **13** 3a	ruhig
społeczeństwo *n* **15** Pe	Gesellschaft
sport *m* sportu **10** 2a	Sport

sportowy, -a, -e **9** 4b	sportlich
sposób *m* sposobu **9** 4a	Art, Weise
spotkać *pf* -am, -asz **4** 3a	treffen
spotkanie *n* **9** 4e	Treffen
sprawa *f* **13** 3a	Angelegenheit
sprawdzać *ipf* -am, -asz **11** G	prüfen
sprawdzić *pf* -ę, -isz **10** 5b	prüfen
sprawiać *ipf* -am, -asz **10** 2a	bereiten
spróbować *pf* -uję, -ujesz **16** 3b	versuchen
sprzątać *ipf* -am, -asz **6** 4b	aufräumen, putzen
sprzątaczka *f* **9** 1b	Reinigungsfrau
sprzątnie *n* **6** 4a	Aufräumen, Putzen
sprzedawać *ipf* sprzedaję, sprzedajesz **9** 1d	verkaufen
sprzedawca *m* sprzedawcy **7** 5c	Verkäufer
spytać *pf* -am, -asz **11** G	fragen
średni, -a, -e **9** 2a	mittlerer
środa *f* **6** 4a	Mittwoch
środek lokomocji *m* **11** 1	Verkehrsmittel
środek *m* środka **11**	Mittel, Mitte
środowisko *n* **8** LuL	Umwelt
stać *ipf* stoję, stoisz **13** 5a	stehen
stać się *pf* stanę, staniesz **14** Pe	passieren
stacja benzynowa **2** 1a	Tankstelle
stacja *f* **2** 1a	Station
stacja metra *f* **11** 1a	Metrostation
stadion *m* stadionu **14** 4a	Stadion
stadnina *f* **12** Pe	Gestüt
stale **15** Pe	stets
stan cywilny *m* **8** 3a	Familienstand
stan *m* stanu **10** 2a	Zustand
standard *m* standardu **13** Pe	Standard
stanowisko *n* **9** 2a	Haltestelle, Posten
Stany *Pl* **14** Pe	die (Vereinigten) Staaten
Stany Zjednoczone *Pl* **9** 5b	Vereinigte Staaten
starać się *ipf* -am, -asz **11** 2a	sich bemühen
starczy **5** 5a	es reicht
starczyć *pf* -ę, -ysz **5** 5a	ausreichen, genügen
staropolski, -a, -ie **5** 1a	altpolnisch
starówka *f* **12** 1b	Altstadt
start *m* startu **Spiel I**	Start
startować *ipf* -uję, -ujesz **15** 1b	starten
stary, -a, -e **2** 4a	alt
statek *m* statku **12** 1b	Schiff
statystyczny, -a, -e **14** 6e	statistisch
staż zagraniczny *m* **9** 2a	Berufspraktikum im Ausland
sto **3** 2a	hundert
stół *m* stołu **6** 3	Tisch
stolica *f* **12** 1b	Hauptstadt
stolik *m* stolika **5** 1	Tischchen, Tisch (im Restaurant)
stomatologiczny, -a, -e **10** 3a	zahnärztlich
stopa *f* **10** 1a	Fuß
stopiony, -a, -e **16** 2d	geschmolzen
strasznie **13** 5a	schrecklich
straszny, -a, -e **12** 2c	schrecklich
stres *m* stresu **9** 2a	Stress
strona *f* **9** 2a	Seite
strumyk *m* strumyka **12** 1b	Bach
studencki, -a, -ie **16** 3b	studentisch, Studenten-
student *m* studenta **1** SuA	Student
studentka *f* **8** 2a	Studentin
studia dzienne *Pl* **8** LuL	Tagesstudium
studia *Pl* **8** LuL	Studium
studia wieczorowe *Pl* **8** LuL	Abendstudium
studia zaoczne *Pl* **8** LuL	Fernstudium
studio *n* **14** 4a	Studio
studiować *ipf* -uję, -ujesz **8** 2a	studieren
stwierdzenie *n* **13** 5a	Aussage
styczeń *m* stycznia **15** 3	Januar
styl *m* stylu **12** 2a	Stil
stypendium *n* **15** 1a	Stipendium
Sukiennice *Pl* **12** 2a	Tuchhallen
suknia *f* **14** 3a	Kleid
supermarket *m* supermarketu **7** 1a	Supermarkt
surfować *ipf* -uję, -ujesz **14** 1a	surfen
surówka *f* **5** 2b	Rohkostsalat
suszony, -a, -e **16** 1g	Trocken-
sweter *m* swetra **6** 1a	Pullover
świat *m* świata **14** 2a	Welt
świąteczna kartka *f* **16** 1d	Weihnachtskarte
świąteczny, -a, -e **16** 1d	Feiertags-
światła mijania *Pl* **11** Pe	Abblendlicht
święcenie potraw *n* **16** 2a	Speisenweihe
świeczka *f* **7** 3c	Kerze
świetnie **8** 2a	ausgezeichnet
świetny, -a, -e **8** 5e	ausgezeichnet
święto *n* **15** 4a	Feiertag
świętojański, -a, -ie **16** 4	Johannis-
święty, -a, -e **16** 4b	heilig
świeży, -a, -e **4** 1b	frisch
świnia *f* **12** Pe	Schwein
świstak *m* świstaka **12** 1b	Murmeltier
swoboda *f* **15** Pe	Freiheit
swój, swoja, swoje **8** 3e	eigen
symbol *m* symbolu **16** 3a	Symbol
symbolizować *ipf* -uję, -ujesz **16** 3b	symbolisieren
sympozjum *n* **15** 1c	Symposium
syn *m* syna **4** 3b	Sohn
sypać *ipf* -ię, -iesz **16** 4d	schütten
sypialnia *f* **13** 1a	Schlafzimmer
syrena *f* **15** 5	Sirene
system *m* systemu **8** 2c	System
systematyczny, -a, -e **13** Pe	systematisch
sytuacja *f* **7** 6d	Situation
szabla *f* **7** 5b	Säbel
szachy *Pl* **7** 5b	Schach
szafa *f* **13** 2a	Schrank
szalik *m* szalika **6** 1a	Schal
szałwia *f* **10** Pe	Salbei
szampan *m* szampana **5** 2b	Champagner, Sekt
szampon *m* szamponu **7** 3a	Shampoo
szanowny, -a, -e **9** 5f	verehrte
szansa *f* **9** 3a	Chance
szarlotka *f* **4** 3a	Apfelkuchen

szaro 15 AB11	grau
szary, -a, -e 7 6a	grau
Szczecin m Szczecina 1 AB12	Stettin
szczegół m szczegółu 9 5e	Detail
szczególnie 6 3a	vor allem, besonders
szczerozłoty, -a, -e 16 4d	aus purem Gold
szczęście n 16 1g	Glück
szczęśliwy, -a, -e 12 4a	glücklich
szczyt m szczytu 12 1b	Gipfel
szef m szefa 6 4a	Chef
szeroki, -a, -ie 7 3a	breit
szerzyć ipf -ę, -ysz 15 Pe	verbreiten
sześć 2 4b	sechs
sześćdziesiąt 6 5a	sechzig
sześćset 11 5a	sechshundert
szesnaście 3 4a	sechzehn
szesnasty, -a, -e 9 3a	sechzehnter
szewc m szewca 12 2c	Schuster
szklanka f 4 2a	Trinkglas
szkoda 2 1b	schade
szkoła f 8 2a	Schule
szkolenie n 9 2a	Schulung
szkolny, -a, -e 9 2a	Schul-
sznycel po wiedeńsku m Quiz	Wiener Schnitzel
szopka f 16 1a	Krippe
szósty, -a, -e 9 3a	sechster
szpital m szpitala 9 1e	Krankenhaus
sztuka f 12 1b	Kunst
szukać ipf -am, -asz 7 6b	suchen
szukanie n 16 4a	Suchen
szumieć ipf -ię, -isz 12 Pe	rauschen
Szwajcaria f 12 LuL	Schweiz
szybki, -a, -ie 10 4a	schnell
szybko 11 4a	schnell
szybkość f 11 4a	Geschwindigkeit
szyja f 10 1a	Hals
szynka f 4 1a	Schinken
ta 4 3c	diese (1. Pers Sg.)
tabelka f 9 2b	Tabelle
tabletka f 10 3c	Tablette
tak 1 3a	ja, so
taki, -a, -ie 10 2a	solcher
taksówka f 2 3d	Taxi
takt m taktu 14 2c	Takt
także 7 3a	auch
talerz m talerza 4 2a	Teller
talerzyk m talerzyka 4 2a	Untertasse
tam 2 1b	dort
tamci (PF) 9 G	diese dort, jene (Pl)
tamta 4 3c	diese dort, jene (1. Pers Sg)
tamte (SF) 4 3c	diese dort, jene (1. Pers Pl)
tamten 4 3c	dieser dort, jener
tamto 4 3c	dieses dort, jenes
tańczyć ipf -ę, -ysz 14 2c	tanzen
tango n 14 3c	Tango
tani, -ia, -ie 11 2a	billig
taniec m tańca Quiz	Tanz
taniej 11 2c	billiger
taras m tarasu 13 1c	Terrasse
targ m targu 9 SuA	Markt
tata m taty 8 1b	Papa
Tatry Pl 1 AB10	Tatra
Tatrzański Park Narodowy m 12 1b	Tatra-Nationalpark
te (SF) 4 3c	diese (1. Pers Pl)
teatr m teatru 2 2b	Theater
tekst m tekstu 7 3a	Text
telefon komórkowy m 9 2a	Handy
telefon m telefonu 1 4a	Telefon
telefoniczny, -a, -e 9 AB7	Telefon-
telefonować ipf -uję, -ujesz 10 Pe	anrufen
telewizja f 14 1a	Fersehen
telewizor m telewizora 3 3a	Fernseher
temat m tematu 7 5d	Thema
tematyka f 15 Pe	Thematik
temu (dwa lata temu) 12 3b	vor (vor zwei Jahren)
ten 4 3a	dieser
terapeuta m terapeuty 9 1b	Therapeut
teraz 9 AB12	jetzt
teren m terenu 12 1b	Gebiet
terroryzm m terroryzmu 15 1a	Terrorismus
też 4 3a	auch
tłum m tłumu 15 5	Menschenmenge
tłusto 10 2a	fett
to 1 4a	es, das, dieses
to może 5 3c	dann vielleicht
toaleta f 2 LuL	Toilette
Tokio n 14 Pe	Tokio
tor m toru 11 3a	Gleis
tort m tortu 1 SuA	Torte
toruński, -a, -ie 7 5d	aus der polnischen Stadt Toruń
towarzyski, -a, -ie 15 1a	gesellschaftlich
tradycja f 16 1	Tradition
tradycyjny, -a, -e 5 1a	traditionell
traktor m traktora 11 Pe	Traktor
tramwaj m tramwaju 11 1a	Straßenbahn
tramwajowy, -a, -e 7 3a	Straßenbahn-
tratwa f 16 4d	Floß
trębacz m trębacza 12 AB8	Trompeter
trening m treningu 14 2d	Training
trenować ipf -uję, -ujesz 14 4a	trainieren
trochę 4 2c	ein wenig
troje (dzieci, drzwi, ludzie) 7 G	drei (Kinder, Tür, Leute)
trójkąt ostrzegawczy m 11 Pe	Warndreieck
trudno 9 3a	schwierig, schade
trudny, -a, -e 10 AB6	schwierig
truskawka f 7 4a	Erdbeere
tryb życia m 10 2a	Lebensweise
trzeba 10 2a	man soll, man muss
trzeci, -ia, -ie 9 3	dritter
trzy 2 4	drei
trzydzieści 6 5a	dreißig
trzydziestolecie n 13 Pe	drei Jahrzehnte
trzynaście 3 2b	dreizehn
trzynasty, -a, -e 9 3a	dreizehnter

trzysta **11** 5a	dreihundert
tu **2** 1b	hier
turniej rycerski *m* **14** 2a	Ritterturnier
turystyczny, -a, -e **2** 2a	touristisch
tutaj **2** 2a	hier
twoi *(PF)* **9** G	deine *(Pl)*
twój, twoja, twoje **2** 3a	dein, deine, dein
Twoje zdrowie! **6** 3a	Auf dein Wohl!
tworzony, -a, -e **11** 5a	gebildet
ty **1** 2a	du
tydzień *m* tygodnia, tygodnie **3** 2b	Woche
tylko **3** 2b	nur
typowy, -a, -e **7** 4a	typisch
tysiąc *m* tysiąca **11** 5a	Tausend
tzw. (tak zwane) **15** Pe	sog. (so genannt)
u *Präp + Gen* **4** 3a	bei
ubezpieczenie *n* **9** 1d	Versicherung
ubezpieczeniowy, -a, -e **9** 3a	Versicherungs-
ubrać *pf* ubiorę, ubierzesz **14** 3a	anziehen
ucho *n* uszy **10** 1a	Ohr
uciecha *f* **16** 4d	Spaß
uczelnia *f* **8** LuL	Hochschule, Universität
uczeń *m* ucznia **8** 2c	Schüler
uczestnik *m* uczestnika **9** 4e	Teilnehmer
uczulony, -a, -e **10** 3b	allergisch
uczyć się *ipf* -ę, -ysz **14** 1c	lernen
udać się *pf* -am, -asz **12** 4a	gelingen, sich begeben
udo *n* **10** 1a	Oberschenkel
ugościć *pf* ugoszczę, ugościsz **16** 1g	bewirten
ugotować *pf* -uję, -ujesz **11** G	kochen
ułatwić *pf* -ię, -isz **15** Pe	erleichtern
ulica *f* **1** AB11	Straße
ulubiony, -a, -e **12** 1b	Lieblings-
umiarkowany, -a, -e **15** 2b	mäßig
umieć *ipf* -em, -esz **14** 1c	können
umiejętność *f* **9** 2a	Können
umowa *f* **15** 1b	Vertrag
umówić się *pf* -ię, -isz **9** 4e	sich verabreden
Unia Europejska *f* **15** 1a	Europäische Union
unijny, -a, -e **15** 1a	Unions-
unikanie *n* **10** Pe	Vermeiden
uniwersalny, -a, -e **10** 5	universell
uniwersytet *m* uniwersytetu **2** 2b	Universität
Uniwersytet Jagielloński *m* **12** 2a	Jagiellonen-Universität
uprawa *f* **14** AB15	Anbau
uprawiać *ipf* -am, -asz **9** 1d	anbauen, Sport treiben
urlop *m* urlopu **9** AB12	Urlaub
uroczyście **16** 1c	feierlich
uroczysta, -y, -e **16** 1g	feierlich
urodzinowy, -a, -e **7** 4b	Geburtstags-
urodziny *Pl* **6** 2b	Geburtstag
urządzać *ipf* -am, -asz **7** 4b	einrichten, machen
urzędnik *m* urzędnika **9** 1b	Beamter
usługa *f* **5** 1a	Dienstleistung
usta *Pl* **10** 1a	Mund
usunąć *pf* -ę, -iesz **10** 3b	entfernen
uszko *n* **5** 2b	„Öhrchen" d.h. kleine Maultasche
utarty, -a, -e **16** 2d	cremig gerührt
utrzeć *pf* utrę, utrzesz **16** 2d	cremig rühren
utwór *m* utworu **12** 1b	Werk
utworzyć *pf* -ę, -ysz **10** 1c	bilden
uwaga *f* **11** 3a	Achtung
uważać *pf* -am, -asz **11** Pe	aufpassen
uważnie **14** Pe	aufmerksam
uznawanie *n* **15** Pe	Anerkennung
uzupełnić *pf* -ię, -isz **7** 2c	ergänzen
użytkowy, -a, -e **13** Pe	Nutz-
w lewo **2** 1b	nach links
w ogóle **10** 3b	im Allgemeinen, überhaupt
w *Präp + Akk, Lok* **3**	in, an
w prawo **2** 1b	nach rechts
wakacje *Pl* **9** 2a	Ferien
walc *m* walca **14** AB17	Walzer
walizka *f* **2** 3d	Reisekoffer
walka *f* **15** 1a	Kampf
wanna *f* **9** SuA	Badewanne
Warszawa *f* **1** 3a	Warschau
warszawski, -a, -ie **14** LuL	Warschauer
warto **12** 1b	es lohnt sich
warunek *m* warunku **13** Pe	Bedingung
warzywa *Pl* **14** 5a	Gemüse
wasi *(PF)* **9** G	eure *(Pl)*
wasz, wasza, wasze **2** 3c	euer, eure, euer
Wawel *m* Wawelu **12** 2a	Name des Hügels und des Königs-schlosses in Krakau
ważny, -a, -e **6** 4a	wichtig
wazon *m* wazonu **7** 5a	Vase
wazonik *m* wazonika **4** 2a	kleine Blumenvase
wcale **11** 2a	überhaupt
wchodzić w skład *ipf* -ę, -isz **13** Pe	zu etwas gehören
wczasy *Pl* **12** Pe	Ferien
wcześnie **12** AB14	früh
wczoraj **4** 3a	gestern
wdowa *f* **8** 3a	Witwe
wdowiec *m* **8** 3a	Witwer
we *Präp + Akk, Lok* **6** 3a	in, am
wędkarz *m* wędkarza **12** 1b	Angler
wędliny *Pl* **7** 4a	Wurstwaren
według *(legendy)* **12** 2c	laut *(Legende)*
wędrować *ipf* -uję, -ujesz **12** 1b	wandern
weekend *m* weekendu **10** 5a	Wochenende
wegetarianin *m* wegetarianina **10** 2a	Vegetarier
węgiel *m* węgla **12** 2a	Kohle
wejść *pf* wejdę, wejdziesz **14** Pe	hineingehen
wejście *n* **4** LuL	Eingang
wesele *n* **14** 4a	Hochzeit
wesoły, -a, -e **16** 1c	fröhlich
wiać *ipf* wieje **15** AB10	wehen
wiadomość *f* **9** 4b	Nachricht
wianek *m* wianka **16** 4a	Kranz

wiatr *m* wiatru **12** Pe	Wind	wolny, -a, -e **3** 2a	frei
widelec *m* widelca **4** 2a	Gabel	wołowy, -a, -e **5** 2b	Rind-
widok *m* widoku **3** 1a	Blick	wosk *m* wosku **16** 3b	Wachs
widok na morze **3** 1a	Blick aufs Meer	wpaść *pf* wpadnę,	hereinfallen,
widokówka *f* **7** 3a	Ansichtskarte	wpadniesz **10** 4a	vorbeikommen
widowisko *n* **14** 4a	Vorstellung	wpisać *pf* wpiszę, wpiszesz **8** 3d	eintragen
widzieć *ipf* -ę, -isz **10** 4b	sehen	wpół do trzeciej **9** 4a	halb vier
więc **4** 3a	also	wprawdzie **13** Pe	zwar
więcej **6** 6e	mehr	wracać *ipf* -am, -asz **12** 4a	zurückkommen
wieczór *m* wieczoru/-a **1** 1a	Abend	wreszcie **6** 4b	endlich
wieczorem **5** 1a	am Abend	wrócić *pf* -ę, -isz **10** 4a	zurückkommen
wieczorowy, -a, -e **14** 3a	Abend-	Wrocław *m* Wrocławia **1** 3b	Breslau
Wiedeń *m* Wiednia **1** 3b	Wien	wrocławski, -a, -ie **12** 1b	Breslau-
wiedza *f* **15** Pe	Wissen	wróżba *f* **16** 3b	Prophezeiung
wiedzieć *ipf* wiem, wiesz **2** 1b	wissen	wrzesień *m* września **14** 4a	September
		wschód *m* wschodu **15** 2b	Osten
wiejski, -a, -ie **13** Pe	Dorf-	wskazywać *ipf* -uję, -ujesz **13** Pe	hinweisen
wiek *m* wieku **10** 2a	Alter, Jahrhundert		
większy, -a, -e **10** 1c	größer	wspaniale **8** G	herrvoragend
wiele **10** Pe	viel	wspaniały, -a, -e **4** 3a	hervorragend
Wielka Brytania *f* **9** 2a	Großbritannien	współczesny, -a, -e **14** 4b	zeitgenössisch
Wielkanoc *f* **16** 2	Ostern	wspólny, -a, -e **13** Pe	gemeinsam
wielki, -a, -ie **12** 2a	riesig	współpraca *f* **15** 1a	Zusammenarbeit
wielkość *f* **13** Pe	Größe	współpracować *ipf* -uję, -ujesz **15** AB2	zusammenarbeiten
wieprzowy, -a, -e **5** 2b	Schwein-	wspomnienie *n* **12** 4	Erinnerung
wiersz *m* wiersza **10** 5a	Gedicht	wśród **14** 2a	inmitten
wiertarka *f* **13** 5a	Bohrmaschine	wstać *pf* wstanę, wstaniesz **15** 5	aufstehen
wierzyć *ipf* -ę, -ysz **14** Pe	glauben	wszędzie **6** SuA	überall
wieś *f* **12** 1c	Dorf	wszyscy (PF) **10** 2a	alle
wieża *f* **12** AB8	Turm	wszystkie **3** 2c	alle
Wigilia *f* **16** 1c	Heiliger Abend	wszystko **2** 3a	alles
wigilijna kolacja *f* **16** 1d	Weihnachtsessen	wtedy **6** 4b	dann, damals
willa *f* **13** 3a	Villa	wtorek *m* wtorku **6** 3a	Dienstag
winda *f* **3** 3a	Fahrstuhl	wujek *m* wujka **8** 1a	Onkel
wino *n* **1** SuA	Wein	wujostwo *n* **8** 1b	Onkel und Tante
wiosna *f* **15** 3b	Frühling	wy **1** 3d	ihr
Wisła *f* **12** 2a	Weichsel	wybierać się *ipf* -am, -asz **16** 1i	sich auf den Weg machen
witać *ipf* -am, -asz **1** 1a	begrüßen	wybór *m* wyboru **15** Pe	Wahl
witam **1** 1a	ich grüße Sie, hallo, willkommen	wybrać *pf* wybiorę, wybierzesz **5** 3c	wählen
witamina *f* **10** Pe	Vitamin	Wybrzeże Bałtyckie *n* **12** 1a	Baltische Küste
witaminowy, -a, -e **10** 4a	Vitamin-	wycieczka *f* **9** 2a	Ausflug
wkrótce **12** 3a	bald, in Kürze	wydęty, -a, -e **16** 2d	vorgewölbt
włączony, -a, -e **11** Pe	eingeschaltet	wyglądać *ipf* -am, -asz **8** 2a	ausschauen
władca *m* władcy **14** 4a	Herrscher	wyjazd *m* wyjazdu **11** 2c	Abreise, Ausfahrt
właściwie **7** 3a	eigentlich	wyjechać *pf* wyjadę, wyjedziesz **14** AB9	wegfahren
właściwy, -a, -e **Quiz**	richtig	wyjeżdżać *ipf* -am, -asz **15** 1c	wegfahren
właśnie **9** 5a	soeben, gerade		
własny, -a, -e **13** 4	eigen	wyjście *n* **4** LuL	Ausgang
wlepiać wzrok *ipf (ugs)* -am, -asz **14** Pe	anglotzen	wykonawca *m* wykonawcy **15** 5	Darsteller
Włochy *Pl* **15** 2c	Italien	wykorzystać *pf* -am, -asz **14** AB16	ausnutzen
włos *m* włosa **10** 1a	Haar	wykształcenie *n* **9** 2a	Ausbildung
włożyć *pf* -ę, -ysz **12** Pe	hineinstecken	wykształcony, -a, -e **15** Pe	ausgebildet
wnętrze *n* **12** 1b	das Innere	wylądować *pf* -uję, -ujesz **14** Pe	landen
wnuczka *f* **8** 1b	Enkelin		
wnuk *m* wnuka **8** 1a	Enkel	wymaganie *n* **9** 2a	Anforderung, Anspruch
woda *f* **3** 3a	Wasser		
wódka *f* **5** 2b	Wodka		
wodospad *m* wodospadu **12** 1b	Wasserfall		
wokół **12** 1b	ringsum		
woleć, -ę, -isz **4** 3a	bevorzugen		
wolno **10** 2a	man darf, langsam		

wymarzony, -a, -e **13** 4e	erträumt	ząb *m* zęba, zęby **6** SuA	Zahn
wymiana *f* **15** 1a	Austausch	zabawa *f* **13** 2c	Spiel
wymieniać *ipf* -am, -asz **11** AB11	austauschen	zabawka *f* **7** 3a	Spielzeug
wymienić *pf* -ię, -isz **8** 3c	austauschen	zabić *pf* zabiję, zabijesz **12** 2c	töten
wymieszać *pf* -am, -asz **16** 2d	mischen	zabierać *ipf* -am, -asz **15** 5	wegnehmen
wynagrodzenie *n* **9** 2a	Gehalt	zabrać *pf* zabiorę, zabierzesz **5** 4b	wegnehmen
wynosić *ipf* wynoszę, wynosisz **13** 3a	betragen, heraustragen	zachód *m* zachodu **15** 2b	Westen
Wyobraź sobie! **10** 4a	Stell dir vor!	zachwycać *ipf* -am, -asz **12** 1b	begeistern
wypełnić *pf* -ię, -isz **3** 2a	ausfüllen	zaczerwieniony, -a, -e **10** 3b	gerötet
wypocząć *pf* wypocznę, wypoczniesz **12** AB13	sich erholen	zaczynać *ipf* -am, -asz **6** SuA	beginnen
wypoczynek *m* wypoczynku **12** Pe	Erholung	zadać pytanie *pf* -am, -asz **8** 1d	eine Frage stellen
wypoczywać *ipf* -am, -asz **12** 1b	sich erholen	zadanie domowe *n* **13** 5b	Hausaufgabe
wyposażenie *n* **13** 2	Ausstattung	zadany, -a, -e **8** 2b	gestellt
wyposażony, -a, -e **14** 4a	ausgestattet	żaden, żadna, żadne **14** 2b	überhaupt kein
wypowiadać *ipf* -am, -asz **14** 5b	äußern, kündigen	zadowolony, -a, -e **12** AB8	zufrieden
wypowiedź *f* **14** 2d	Aussage	zadzwonić *pf* -ię, -isz **9** 5a	anrufen
wyraz *m* wyrazu **8** 1b	Wort	żaglówka *f* **12** 1b	Segelboot
wyrobić *pf* -ię, -isz **16** 2d	verkneten	zagrać *pf* -am, -asz **Spiel I**	spielen
wyrosnąć *pf* -ę, -iesz **16** 2d	wachsen, gehen (Teig)	zagraniczny, -a, -e **9** 2a	Auslands-
		zainteresowanie *n* **8** 3a	Interesse
wyrostek robaczkowy *m* **10** Pe	Wurmfortsatz, Blinddarm	zajazd *m* zajazdu **5** LuL	Raststätte
		zajęcie *n* **14** 2d	Beschäftigung
wysłać *pf* wyślę, wyślesz **9** 5e	senden	zajęty, -a, -e **6** 4b	besetzt, beschäftigt
wysłuchać *pf* -am, -asz **7** 1a	anhören	zajmować się *ipf* -uję, -ujesz **14** 5a	sich beschäftigen
wysmarować *pf* -uję, -ujesz **16** 2d	einfetten	zakąska *f* **5** 2b	Vorspeise, Snack
wysmarowanie *n* **16** 2d	Bestreichen	zakładać *ipf* -am, -asz **14** AB15	einrichten
wysoki, -a, -ie **10** 1c	hoch	zakochać się *pf* -am, -asz **16** 3a	sich verlieben
wysportowany, -a, -e **10** 1c	sportlich	zakochany, -a, -e **16** 4c	verliebt
wystąpić *pf* -ię, -isz **15** AB7	auftreten	zakup *m* zakupu **13** 4b	Kauf
wystarczyć *pf* **11** 2a	reichen	zakupy *Pl* **7** 4b	Einkäufe
występować *ipf* -uję, -ujesz **13** 5c	vorkommen, auftreten	załącznik *m* załącznika **9** 5e	Anlage
		załatwiać *ipf* -am, -asz **11** 2a	erledigen
wystrój *m* wystroju **12** 1b	Ausstattung	załatwić *pf* -ię, -isz **3** 3b	erledigen
wysypianie się *n* **14** LuL	Ausschlafen	zalecać *ipf* -am, -asz **10** Pe	empfehlen, anordnen
wyszukać *pf* -am, -asz **12** 1c	aussuchen	założyć *pf* -ę, -ysz **12** 2a	gründen
wytrawny, -a, -e **5** 2b	trocken (Wein)	zamawiać *ipf* -am, -asz **5** 2c	bestellen
wywiad *m* wywiadu **8** 1d	Interview	zamek *m* zamku/-a **12** 1b	Schloss
wyższy, -a, -e **10** 1c	höher	zamkowy, -a, -e **12** 1b	Schloss-
wyżywienie *n* **12** Pe	Verpflegung	zamówić *pf* -ię, -isz **5** 4b	bestellen
wzajemne, -a, -e **15** Pe	gegenseitig	zamykany, -a, -e **13** 3a	abschließbar
wziąć *pf* wezmę, weźmiesz **5** 3c	nehmen	zapalić *pf* -ę, -isz **16** 4d	anzünden
		zapałka *f* **7** 3a	Streichholz
wzrastać *ipf* -am, -asz **15** Pe	wachsen	zaparkować *pf* -uję, -ujesz **3** 2a	parken
wzrost *m* wzrostu **13** Pe	Wachstum, Zunahme	zapewniony, -a, -e **13** 4c	gesichert
		zapłacić *pf* -ę, -isz **11** 4a	bezahlen
z domu **8** 3a	„von zu Hause", Mädchenname	zapominać *ipf* -am, -asz **10** 2a	vergessen
z poważaniem **9** 5f	hochachtungsvoll	zapraszać *ipf* -am, -asz **5** 1a	einladen
z powrotem **11** 3c	zurück	zaprosić *pf* zaproszę, zaprosisz **7** 4a	einladen
z *Präp + Gen, Instr* **1** 3a	aus, mit	zapytać *pf* -am, -asz **9** 1c	fragen
za granicą **15** 1c	im Ausland	zarabiać *ipf* -am, -asz **9** AB4	verdienen
za granicę **15** 1b	ins Ausland	zaraz **3** 2a	gleich
za *Präp + Akk, Instr* **5** 5a	zu, in, hinter		
za to **7** 2c	dafür		

zarezerwować pf -uję, -ujesz **5** 1	reservieren
zarobić pf -ię, -isz **9** 5b	verdienen
zarządzanie n **8** LuL	Verwalten
zasada f **15** Pe	Prinzip
zastanawiać się ipf -am, -asz **7** 4a	nachdenken
zastrzyk m zastrzyku **10** 3b	Spritze
zastukać pf -am, -asz **16** 1g	klopfen
zatrucie pokarmowe n **10** 4a	Lebensmittelvergiftung
zatrudnić pf -ię, -isz **9** 2a	beschäftigen
zatrzymać pf -am, -asz **11** 2d	anhalten
zawód m zawodu **8** 2a	Beruf
zawodowo **8** 2b	beruflich
zawodowy, -a, -e **9** 2a	beruflich, Berufs-
zawsze **4** 3b	immer
zaznaczony, -a, -e **14** 3c	markiert
zaznaczyć pf -ę, -ysz **10** 4a	markieren
zbierać ipf -am, -asz **12** 3b	sammeln
zbrodnia f **14** 3c	Verbrechen
zbudować pf -uję, -ujesz **12** 2a	bauen
zbudzony, -a, -e **15** 5	erwacht
zdanie n **9** 3a	Satz, Meinung
zdarzać się ipf zdarza **16** 1g	passieren
zdążyć pf -ę, -ysz **15** 5	rechtzeitig kommen
zdecydować się pf -uję, -ujesz **11** 3b	sich entscheiden
zdenerwowany, -a, -e **15** 1b	aufgeregt
zdjęcie n **7** 1a	Foto
zdrobnienie n **13** 2c	Verkleinerungsform
zdrowie n **6** 3a	Gesundheit
zdrowo **7** 4a	gesund
zdrowy, -a, -e **8** AB11	gesund
że **7** 4a	dass
ze Präp + Instr **3** 2a	mit
zebra f **Quiz**	Zebra
zebranie n **9** 4d	Versammlung
żeby **10** Pe	um zu
zegar m zegara **9** 4b	Uhr
żeglarski, -a, -ie **12** 3a	Segel-
żeglarz m żeglarza **12** 1b	Segler
żeglować ipf -uję, -ujesz **12** AB1	segeln
zepsuty, -a, -e **3** 3a	kaputt
zero n **2** 4b	null
zespół m zespołu **14** 2c	Band
zestawienie n **14** 5e	Aufstellung
zestresowany, -a, -e **14** 4b	gestresst
zeszły, -a, -e **12** 3b	vergangen
zgadnąć pf -ę, -iesz **8** 2d	raten
zgadzać się ipf -am, -asz **5** 4b	stimmen
zgodnie **15** Pe	gemäß
zielona karta f **11** 4a	grüne Versicherungskarte
zielono **15** 3c	grün
zielony, -a, -e **4** 3a	grün
ziemia f **15** 5	Erde
ziemniak m ziemniaka **5** 2b	Kartoffel
zima f **11** 1c	Winter
zimno **3** 3a	kalt
zimny, -a, -e **4** 3c	kalt
zioła Pl **16** 4a	Kräuter
ziołolecznictwo n **10** LuL	Kräuterheilkunde
zjeść pf zjem, zjesz **5** AB5	essen
źle **7** SuA	schlecht
zło n **16** 4a	Böse
złoto n **12** 2a	Gold
złoty, -a, -e **3** 2a	golden, Zloty
złożyć pf -ę, -ysz **15** 4c	einreichen
zły, -a, -e **8** 4e	schlecht
zmęczony, -a, -e **12** AB8	müde
zmiana f **Quiz**	Änderung
zmieniać ipf -am, -asz **7** 1c	wechseln
zmniejszyć pf -ę, -ysz **11** 3a	verkleinern
zmotoryzowany, -a, -e **11** Pe	motorisiert
znać ipf -am, -asz **9** 1a	kennen
znaczek pocztowy m **7** 3a	Briefmarke
znaczyć ipf -ę, -ysz **3** 1	bedeuten
znajdować się ipf -uję, -ujesz **12** 1b	finden, sich befinden
znajomość f **9** 2a	Kenntnisse, Bekanntschaft
znajomy, -a, -e **7** 4a	bekannt, Bekannte(r)
znaleźć pf znajdę, znajdziesz **9** 3a	finden
znalezienie n **15** Pe	Finden
znany, -a, -e **15** Pe	bekannt
znieczulający, -a, -e **10** 3b	Betäubungs-
zniżka f **12** Pe	Ermäßigung
znowu **12** 4a	wieder
zobaczyć pf -ę, -ysz **2** 2a	anschauen
żołądek m żołądka **10** 4a	Magen
żółtko n **16** 2d	Eigelb
żółty, -a, -e **7** 6a	gelb
żona f **8** 1a	Ehefrau
żonaty (m) **8** 3a	verheiratet
zoo n **14** 4a	Zoo
zostać pf zostanę, zostaniesz **8** 2c	werden, bleiben
zostawiać ipf -am, -asz **11** 4c	zurücklassen
zostawić pf -ię, -isz **11** 4b	zurücklassen
zrobić pf -ię, -isz **4** 3a	machen
zrobiony, -a, -e **16** 4c	gemacht
żubr m żubra **12** 4a	Wisent
zupa f **1** SuA	Suppe
żurek m żurku **5** LuL	Roggenschrotsuppe
żużel m żużlu/żużla **14** 4a	Speedwayrennen
zwany, -a, -e **14** 4a	genannt
związany, -a, -e **12** 1c	verbunden
zwiedzać ipf -am, -asz **12** 2c	besichtigen
zwiedzić pf -ę, -isz **12** 1b	besichtigen
zwiększyć pf -ę, -ysz **11** 3a	vergrößern
zwierzę n zwierzęta **12** 1b	Tier
zwolennik m zwolennika **14** 2a	Anhänger
zwolnić pf -ię, -isz **11** LuL	verlangsamen
zwyczaj m zwyczaju **16** 1g	Brauch
żyć ipf -ę, -esz **6** 3a	leben
życie n **10** 2a	Leben
życzyć ipf -ę, -ysz **10** 4a	wünschen
żytni, -ia, -ie **7** 2a	Roggen-